JN050907

〈頻出ランク付〉
昇任試験シリーズ **8**

重要問題IOI問

［憲法・地方自治法・地方公務員法・行政法］

【第7次改訂版】

地方公務員昇任試験問題研究会 編著

学陽書房

第7次改訂版にあたって

　本書は，昇任試験の合格を目指す自治体職員の方々に向けて，主要4科目の頻出ポイントを101に絞り込んだ問題集です。

　実務にたずさわっている自治体職員にとって，昇任昇格試験の勉強というのは，いろいろな制約があるものです。たとえば，仕事が忙しかったり，お酒のつきあいがあったり，あるいは，家事や子育てがあったり等さまざまな理由によって試験勉強にかける時間を確保できないのが普通です。

　そこで，昇任昇格試験を経験したメンバーで構成されている当研究会では，同様の悩みの中での学習を余儀なくされた自らの体験をもとに，受験者の方々が短期間に，最小限の労力で，合格を勝ちとるための問題集を，というねらいで1995（平成7）年に頻出ランク付・昇任試験シリーズを誕生させました。

　シリーズ8作目の『重要問題101問』は初版刊行以来，本書で収録する憲法においてはより精緻化した解釈や判例が示され，地方自治法，地方公務員法においては法改正等があり，それらに対応すべく25年以上版を重ねてまいりました。

　今回の改訂でのポイントは次のとおりです。

○憲法：より分かりやすい解説のために生存権や表現の自由に関する判例などを追加で収録。

○地方自治法：請負禁止の範囲の明確化・緩和，災害等の場合の議会の招集日の変更（令4法101），地方議会の役割の明確化（令5法19）等といった改正に対応。

○地方公務員法：定年引上げに伴う役職定年制，定年前再任用短時間勤務制の導入（令3法63）等といった改正に対応。

その他，最新の出題状況をふまえて全体を精査し，一部問題を見直して，第7次改訂版として発刊することといたしました。

本書はまた，次のような特徴をもっています。

○憲法，地方自治法，地方公務員法，行政法の各科目で実際に出題された問題を中心に，昇任試験の合格を確実なものにするために必ず熟知しておかねばならない項目について，必要最小限の101問のみを選りすぐり，1冊に収録しています。

○図表を多用して，必要な知識の整理がひとめで分かるようにしています。

○各法律科目の中でも，出題頻度の高い順に，★★★，★★，★の三段階のランクを付けてあるので，時間のない時など，頻度の高いものから学ぶと効果的です。

○五肢択一の問題を左頁に，各肢に対応する解説を右頁に，できるだけ条文，判例，実例を掲げるように努めています。

○「正解チェック欄」を設けてあるので，一度当たって解けなかった問題をチェックしておけば，試験直前の再学習に便利です。

このようなメリットをもつ本書は，試験を直前に控えた受験者には総まとめの問題集として，あるいは最短期間の学習で合格をねらう受験者にとってはもっとも効果的な問題集として，非常に有効であると確信します。

受験者各位が本書をフルに活用し，難関を突破されることを期待しています。

令和6年3月

地方公務員昇任試験問題研究会

重要問題 101 問・目次

★★★，★★，★……頻度順の星印

憲　　法

1	前文その他	★★★	2
2	天皇	★	4
3	憲法9条	★★	6
4	基本的人権と公共の福祉	★	8
5	基本的人権とその制限	★★	10
6	法の下の平等	★★★	12
7	信教の自由	★★	14
8	表現の自由	★★★	16
9	居住・移転の自由又は職業選択の自由	★★	18
10	教育の権利義務	★	20
11	刑事手続上の権利	★★	22
12	国会議員の特権	★★	24
13	国政調査権	★	26
14	衆議院の優越	★★★	28
15	内閣総理大臣と内閣	★★	30
16	内閣の総辞職	★★	32
17	裁判官の身分保障	★	34
18	違憲審査権	★★★	36
19	租税法律主義	★	38
20	憲法改正	★★★	40

地方自治法

21 地方公共団体の種類及び事務……………………★★　*42*

22 地方公共団体の区域（廃置分合・境界変更）

　………………………………………………★★　*44*

23 条例と規則……………………………………★★★　*46*

24 直接請求制度…………………………………★★★　*48*

25 議員の兼職，兼業の禁止……………………★★★　*50*

26 100条調査権…………………………………★★★　*52*

27 議長・副議長の地位…………………………★★★　*54*

28 議決事件………………………………………★★　*56*

29 議会の招集……………………………………★★★　*58*

30 議会の委員会制度……………………………★★★　*60*

31 議会の会議(定足数・議事の表決)……………★★　*62*

32 議会の紀律，懲罰……………………………★★　*64*

33 長の権限………………………………………★★　*66*

34 長の職務の代理………………………………★★　*68*

35 補助機関………………………………………★★★　*70*

36 議会と長との関係(再議制度)………………★★★　*72*

37 議会と長との関係(不信任議決，専決処分)

　………………………………………………★★★　*74*

38 行政委員会……………………………………★　*76*

39 監査制度………………………………………★★★　*78*

40 外部監査制度…………………………………★★　*80*

41 予算・決算……………………………………★★★　*82*

42 継続費，繰越明許費，債務負担行為，予備費

　　…………………………………………★★　　*84*

43 契約……………………………………………★★　　*86*

44 使用料及び手数料……………………………★★　　*88*

45 地方公共団体の財産…………………………★★　　*90*

46 住民監査請求…………………………………★★★　*92*

47 職員の賠償責任………………………………★★★　*94*

48 公の施設………………………………………★★★　*96*

49 地方公共団体に対する国等の関与等………★★★　*98*

50 特別区…………………………………………★　　*100*

地方公務員法

51 地方公務員の種類……………………………★★★　*102*

52 人事委員会又は公平委員会…………………★★　　*104*

53 欠格条項………………………………………★　　*106*

54 職員の任用……………………………………★★　　*108*

55 職員の離職……………………………………★★★　*110*

56 定年退職………………………………………★★★　*112*

57 条件付採用・臨時的任用……………………★★★　*114*

58 会計年度任用職員……………………………★★★　*116*

59 職員の給与……………………………………★★★　*118*

60 職員の勤務時間………………………………★★　　*120*

61 分限処分………………………………………★★★　*122*

62 懲戒処分………………………………………★★★　*124*

63 法令及び上司の職務命令に従う義務………★★　　*126*

64 信用失墜行為…………………………………★★★　*128*

65	秘密を守る義務	★★★	*130*
66	職務専念義務	★★	*132*
67	政治的行為の制限	★★★	*134*
68	営利企業への従事等の制限	★★★	*136*
69	勤務条件に関する措置要求	★★★	*138*
70	不利益処分に関する審査請求	★★★	*140*

行　政　法

71	行政行為の公定力	★★★	*142*
72	行政行為の効力	★★★	*144*
73	行政裁量──①	★★★	*146*
74	行政裁量──②	★★	*148*
75	行政行為の種類──①	★★★	*150*
76	行政行為の種類──②	★★★	*152*
77	行政行為の種類──③	★★	*154*
78	無効又は取り消しうべき行政行為	★★★	*156*
79	行政行為の成立要件	★★	*158*
80	行政行為の撤回	★★	*160*
81	行政行為の附款	★★	*162*
82	行政上の強制執行と即時強制	★★	*164*
83	行政上の強制執行	★★★	*166*
84	行政代執行	★★	*168*
85	行政罰	★★	*170*
86	行政調査	★★	*172*
87	行政事件訴訟の類型	★★★	*174*
88	取消訴訟の提起の要件	★★★	*176*

89 抗告訴訟──①……………………………………★★★ *178*

90 抗告訴訟──②………………………………………★★ *180*

91 行政事件訴訟法における執行停止制度………★★ *182*

92 不服申立ての種類……………………………★★★ *184*

93 行政不服審査法上の教示制度…………………★★ *186*

94 裁決の種類………………………………………★★ *188*

95 裁決の効力………………………………………★★ *190*

96 公権力の行使にかかる賠償責任……………★★★ *192*

97 公の営造物の設置管理にかかる賠償責任

………………………………………………★★★ *194*

98 損失補償…………………………………………★★ *196*

99 行政立法…………………………………………★★ *198*

100 行政手続法(申請に対する処分，不利益処分)

……………………………………………………★★ *200*

101 行政手続法(行政指導)………………………★★ *202*

凡　　例

法令名略称

憲法……………日本国憲法（昭21）

自治法…………地方自治法（昭22法67）

自治令…………地方自治法施行令（昭22政令16）

議院証言法……議院における証人の宣誓及び証言等
　　　　　　　　に関する法律（昭22法225）

解散特例法……地方公共団体の議会の解散に関する
　　　　　　　　特例法（昭40法118）

労基法…………労働基準法（昭22法49）

地財法…………地方財政法（昭23法109）

地公法…………地方公務員法（昭25法261）

国公法…………国家公務員法（昭22法120）

地公企法………地方公営企業法（昭27法292）

地公労法，地方公営企業労働関係法
　　　　…………地方公営企業等の労働関係に関する法律（昭27法289）

行服法…………行政不服審査法（平26法68）

行訴法…………行政事件訴訟法（昭37法139）

条文引用表示

自治法2②Ⅱ………地方自治第2条第2項第2号

頻出ランク付・昇任試験シリーズ8

重要問題 101 問

Q 1　前文その他

★★★

憲法前文に関する記述として妥当なものは，次のどれか。

1　前文は，天皇が憲法を法定の手続きにより制定し公布することを宣言するために憲法の前に付されたものであり，憲法の構成部分ではない。

2　前文は，憲法本文の解釈の基準を示すとともに，憲法の根本規範を規定し，憲法改正を含めてすべての将来の立法を拘束する法的限界を述べたものである。

3　前文は，憲法を制定するに至った由来，すなわち日本国民がこの憲法を制定したという歴史的事実を述べたものであり，何ら法的原理を述べたものではない。

4　前文は，憲法における統治機構の基本原理，すなわち三権分立制について述べたものであり，この原理に反する一切の立法を排除するという法的効力を有する。

5　前文は，憲法における基本原理のうち国際平和主義と基本的人権の尊重を述べ，憲法本文の解釈の指針を示すものであるが，民主主義の原理については必ずしも明らかに述べていない。

正解チェック欄	1回目	2回目	3回目	

憲
法

　前文は憲法の構成部分として憲法改正権を法的に拘束するという法規範性を肯定するのが通説である。前文を直接の根拠として裁判所に救済を求めることができるかという，いわゆる裁判規範性については否定するのが通説・判例だが，平和的生存権に関して肯定した例がある（長沼事件第一審；札幌地判昭48.9.7，自衛隊イラク派遣事件控訴審；名古屋高判平20.4.17）。いずれにしても前文の精神は，各条文に反映していて重要である。前文の精神とは人権の尊重を基調とする，代表民主制，国際協調主義，平和主義，国民主権などである。

1　誤り。**上諭**と違って，前文は，「日本国憲法」という題名の後に置かれ，また内容的にも憲法の構成部分である。

2　正しい。前文は，憲法本文の解釈基準と憲法改正の限界を示している。

3　誤り。前文は，憲法制定の由来，目的，基本原理に関して詳細に述べている。

4　誤り。前文は三権分立制について言及していない。

5　誤り。前文の第一段で，リンカーンの名言を踏まえて，民主主義の原理について詳しく述べている。なお前文には「民主主義」「国際平和主義」「基本的人権の尊重」という用語は使われていないが，いずれも趣旨は盛り込まれている。ただし表現として「明らかに述べて」いるかという点では，「基本的人権の尊重」については消極的であると言わざるを得ない。

正解　2

上　　論
明治憲法下の法律や予算の公布に際して，表題の前に付された天皇のことば。新憲法にも題名の前に置かれているが，憲法の構成部分ではない。

Q2 天　皇

★

天皇に関する記述として妥当なのは，次のどれか。

1　天皇は内閣の助言と承認により，国会の指名に基づいて最高裁判所の長たる裁判官を任命する。

2　天皇は内閣の助言と承認により，参議院の緊急集会を召集する。

3　天皇の国事行為が違法又は不当であるときでも，天皇は，いかなる責任も負うことはない。

4　憲法改正について，憲法が定める国民の承認を経たときは，天皇は，天皇の名で，直ちにこれを公布する。

5　皇室典範の定めるところにより摂政をおくときは，摂政は，摂政の名でその国事に関する行為を行う。

| 正解チェック欄 | 1回目 | 2回目 | 3回目 | | |

憲法

　天皇に関しては，憲法条文の語句を入れ替えて，その正誤を問うなど，比較的基本的な問題が多い。天皇は，憲法に定める国事行為のみを行い，国政に関する権能を有しない（憲法4①）ことから，天皇の国事行為は，すべて憲法に明記されている。したがって憲法条文を熟読し，正確に暗記することが大切である。

1　誤り。最高裁判所の長たる裁判官の任命は，国会の指名ではなく，内閣の指名に基づき行われる（憲法6②）。

2　誤り。憲法7条2号は，天皇の国事行為として「国会を召集すること」を挙げる。参議院の緊急集会は，「国会」とはいえないので，これに該当しない。

3　正しい。天皇の国事行為はすべて内閣の意思にしたがって行われるものであるから，その行為の責任は内閣が負い（憲法3），天皇が負うことはない。なお，天皇の私的行為の責任については，刑事責任を問われない存在であると解するのが通説である。民事責任については，免責されないという説が有力であるが，判例は，天皇の象徴性から天皇には民事裁判権が及ばないとしている（最判平元.11.20）。

4　誤り。憲法改正は，天皇が「国民の名で」公布する（憲法96②）。これは，憲法改正が主権の存する国民の意思によることを明らかにする趣旨である。

5　誤り。摂政は，「天皇の名で」国事行為を行う（憲法5）。憲法5条全体の趣旨から，摂政は，天皇の法定代理機関であることは明らかであり，また象徴としての役割も有しないから，天皇の名で行為を行うべきことは，当然である。

正解　3

Q 3 憲法9条

★★

　最高裁判所の憲法9条の解釈に関する記述として妥当なのは，次のどれか。

　1　本条は，無防備，無抵抗を定めたものであり，侵略戦争はもちろん，自衛戦争及び自衛のための戦力保持をも禁止している。

　2　本条は，無防備，無抵抗を定めたものではなく，侵略戦争及び自衛戦争は認めないが，自衛のための戦力保持を禁止していない。

　3　本条は，無防備，無抵抗を定めたものではなく，侵略戦争は認めないが，自衛戦争及び自衛のための戦力保持を禁止していない。

　4　本条は，無防備，無抵抗を定めたものではなく，わが国固有の自衛権は認められるが，わが国に駐留する外国軍隊は憲法が禁止している戦力に該当し認められない。

　5　本条は，無防備，無抵抗を定めたものではなく，侵略戦争は認めないが，わが国に駐留する外国軍隊を禁止していない。

正解チェック欄	1回目	2回目	3回目	**A**

　憲法 9 条について最も重要な判決は砂川事件判決（最判昭34.12.16）である。そのポイントは次の点である。

①　9条は，無防備，無抵抗を定めたものではなく，わが国が主権国家として持つ固有の自衛権は何ら否定されたものではない。

②　「1項において永久に放棄することを定めた侵略戦争」と表現している。

③　「（9条が）いわゆる自衛のための戦力の保持をも禁じたものであるか否かは別として」と，明確な答えを出していない。

④　9条が問題にしているのはわが国自体の戦力であり，わが国に駐留する外国軍隊は9条にいう戦力に該当しない。

　なお，この判決は，統治行為論や明白性の原則にも関連する。

　近時，安全保障関連法が制定され（平28.3.29施行），限定的ではあるが，集団的自衛権の行使が可能となったほか，自衛隊の任務が拡大された。集団的自衛権とは，自国が攻撃を受けていなくても，武力攻撃を受けている他国を援助し，共同で防衛する国際法上の権利をいう。

　1　誤り。わが憲法の平和主義は，無防備，無抵抗を定めたものではない，としている。

　2・3　誤り。自衛権に基づく自衛戦争とそのための戦力の保持については，判断を慎重に避けている。

　4　誤り。上記④の通り。なお，砂川事件の第一審（東京地判昭34.3.30）は，自衛権は否定すべきものではないとしながらも，わが国に駐留する外国軍隊は憲法が禁止している戦力に該当するので，その存在は許されないと判示した。

　5　正しい。

正解	5

Q 4　基本的人権と公共の福祉

★

　基本的人権と公共の福祉との関係について，最高裁判所が示し
た判断の要旨として妥当なのは，次のどれか。

1　表現の自由について，チャタレイ事件判決（昭和32年3月
　13日）では，後国家的な基本的人権は憲法のそれぞれの条文
　に制限の可能性を明示しているので，芸術作品といえども表
　現の自由は無制限には保障されておらず，その濫用は禁止さ
　れるとしている。

2　表現の自由について，東京都公安条例事件判決（昭和35年
　7月20日）では，集団行動による思想等の表現の自由を守る
　ことは，条例で許可制にしたことによってもたらされる公共
　の安寧秩序の維持と比較衡量して，両者が適正な均衡を保つ
　ことを目途とし，一定の制限を受けるとしている。

3　労働基本権について，都教組事件判決（昭和44年4月2
　日）では，地方公務員の労働基本権は，公務員が全体の奉仕
　者であることのみを理由に規制することが可能であり，争議
　行為禁止違反に対する制裁は適法性を欠くものであるとはい
　えないとしている。

4　職業選択の自由について，小売市場許可制合憲判決（昭和
　47年11月22日）では，個人の経済活動の自由に関する限り，
　個人の精神的自由等に関する場合と異なって，社会経済政策
　の実施の一手段として，これに一定の合理的規制措置を講ず
　ることは許容されるとしている。

5　職業選択の自由について，薬事法違憲判決（昭和50年4月30
　日）では，社会経済の分野における法的規制措置は，立法府
　がその裁量権を逸脱し，著しく危険であることが明白である
　場合に限り違憲とすることができるが，薬局の適正配置規制
　はこの「明白かつ現在の危険」により違憲であるとしている。

憲
法

| 正解チェック欄 | 1回目 | | 2回目 | | 3回目 | | **A** |

　判例・通説は，一般論として「公共の福祉」を根拠に基本的人権を制約できるとするが，制約基準の精緻化のために種々の説が案出されている。また公務員の労働基本権の判例の変遷も要注意。

　1　誤り。最高裁判所は，基本的人権につき，内在的制約説をとり，「各条文に制限の可能性を明示していると否とにかかわりなく，……絶対無制限のものでない」としている。

　2　誤り。最高裁判所は、「公安条例」による必要最小限度の規制は諸般の事情からやむを得ないとし，厳密な比較衡量論はとっていない。

　3　誤り。最高裁判所は，かつては「公共の福祉」などの観念だけで紋切的に制限を合憲とする傾向が強かったが，全逓中郵事件判決（最判昭41.10.26）で，国民生活全体の利益のために必要やむを得ない場合のみ最小限，労働基本権を制限できるとし，制約に慎重な態度を示した。さらに，都教組事件判決（本肢）で，地方公務員の争議行為を刑事罰から原則的に解放する解釈をした。しかし，全農林警職法事件判決（最判昭48.4.25）で再び方針変更し，刑事罰を伴う制約も無限定的に合憲であると判示した。

　4　正しい。（経済活動の自由の範疇では）制限の目的に合理性があり，制限手段も不合理でなければ違憲ではないとした。

　5　誤り。最高裁判所は，薬局の適正配置規制は，「主として国民の生命及び健康に対する危険の防止という消極的，警察的目的のための規制措置」であり，「**厳格な合理性の基準**」によって判断すべきだとして，結局違憲判決を出した。

| 正解　4 |

二　重　の　基　準

精神的自由←――合理性の基準不適用。比較衡量論などで実質的に判断。

経済的自由┬消極的規制（身体・生命の危険予防）←――厳格な合理性の基準
　　　　　　　　（精神的自由ほどではないが必要最小限度性を要する）
　　　　　　　└積極的規制（社会政策）←――合理性の基準・明白性の原則

Q 5 基本的人権とその制限

★★

　基本的人権とその制限に関する記述として妥当なのは，次のどれか。

1　内在的制約説は，基本的人権に対する制限を抑制するのに有効な理論である。

2　二重の絞り論は，公務員の争議権を制限することを正当化するのに有効な理論である。

3　二重の基準論は，精神的自由に対する制限を抑制するのに有効な理論である。

4　明白性の原則は，基本的人権に対する制限を抑制するのに有効な理論である。

5　明白かつ現在の危険の法理は，基本的人権を制限することを正当化するのに有効な理論である。

	正解チェック欄	1回目		2回目		3回目		**A**

　基本的人権に対する制限が，違憲か否かを判断するためにさまざまな理論や基準が生み出されてきた。以下に説明する理論は，ぜひ理解しておきたい。

1　誤り。内在的制約説は，基本的人権を制約する「公共の福祉」の解釈論の一つである。公共の福祉とは，人権相互の矛盾衝突を調整するための実質的公平の原理であり，憲法規定にかかわらず，すべての基本的人権に論理必然的に内在していると説く。結局，基本的人権の制限を根拠づける理論だが，人権制限の限界の判断基準の明確化が課題である。

2　誤り。公務員の争議権を全面一律に禁止する法律を制限的に解釈するための理論である。たとえば国営企業労働関係法（現・行政執行法人の労働関係に関する法律）の争議権の制限を憲法28条の趣旨から合理性のある必要最小限度に止めるべきだという限定解釈を行ったうえに，労働組合法1条2項（刑法上の正当行為）を適用して，暴力の行使その他不当性を伴わない場合は刑事制裁の対象とならないとする。

3　正しい。二重の基準論は，経済的自由の領域と異なり，精神的自由とりわけ表現の自由の領域では，合憲性の推定が排除され，むしろ違憲性の推定原則が妥当すると説く。また二重の基準の枠組みの中で，たとえば経済的自由の領域でも，消極的警察的目的のための制限であれば，精神的自由の場合ほどではないとしても，なお必要最小限度性が要請されるとする「厳格な合理性の基準論」も理解しておくべきである。

4　誤り。明白性の原則とは，その規制措置が著しく不合理であることが明白な場合に限って違憲とするという考え方である。

5　誤り。明白かつ現在の危険の法理は，ある行為がごく近い将来，重大な害悪を引き起こす蓋然性が明白である場合に，はじめて，その行為を規制できるとするもので，人権の制約を抑制する方向にはたらく。

Q | 6　法の下の平等

★★★

　憲法に定める法の下の平等に関する記述として妥当なのは，次のどれか。

1　平等原則は，法の適用において平等取扱いを求めるものであるが，立法の内容までも拘束するものではなく，嫡出子か否かによって法定相続分に差異を設けるように法の内容を定めても違憲とはならない。

2　平等原則は，性別，年齢などに差異があることを前提として相対的平等を求めるものであり，女性にのみ再婚禁止期間を設けるなど，合理的な理由に基づく差別的取扱いをも禁止するものではない。

3　平等原則は，人間本来の平等を明確に宣言したものであり，人種，信条，性別，社会的身分及び門地による差別的取扱いを禁止しているが，その他の事由については平等取扱いを保障していない。

4　平等原則は，法律，政令，条例などの成文法に規定された事項や判例法に関しては差別的取扱いを禁止しているが，慣習法のような不文法については平等取扱いを保障していない。

5　平等原則は，人間の生まれながらの平等の思想に基づいたものであり，一般的には合理的相違を認めたうえで自然人に適用されるが，法人は平等取扱いを保障されることはない。

| 正解チェック欄 | 1回目 | 2回目 | 3回目 | A |

憲法は，「すべて国民は，法の下に平等であつて，人種，信条，性別，社会的身分又は門地により，政治的，経済的又は社会的関係において，差別されない」（憲法14）と規定する。平等原則は，自由と並んで基本的人権の内容をなすものだが，同時に民主主義の根幹をなすものであり，憲法の重要な基本原理の一つである。

1　誤り。判例・通説は，「法の下の平等」とは，「法の前の平等」と「法の平等」とを併せて意味し，法の適用か立法かを問わず，およそ国政全般にわたって差別を禁止する趣旨と解している。したがって立法内容も平等であるように立法者を拘束する。嫡出子か非嫡出子かによる法定相続分の差別は違憲とされ（最決平25.9.4），その結果民法が改正された（民法900Ⅵ但書）。

2　正しい。憲法の平等原則は，形式的な平等（絶対的平等）ではなく，実質的な平等を保障するため，事実的差異に応じて法的処遇に差異を設ける（相対的平等・合理的差別）場合を是認しているとするのが判例・通説である。女性の再婚禁止期間は，父子関係をめぐる紛争の予防として合理的とする。ただし，100日を超える部分は違憲とする（最判平27.12.16）。その結果民法が改正された（民法733①）。

3　誤り。判例・通説は，憲法14条１項後段の事項は例示であるとする。尊属を刑の加重要件としても14条１項に違反するとはいえないが，刑罰加重の程度が極端な場合には法の下の平等に反し違憲とする（最判昭48.4.4）。

4　誤り。平等原則は日本国憲法の人権体系の中核をなすものであり，法体系の裾野にある慣習法のような不文法にあっても，この原則は要請される。

5　誤り。人権の享有主体に法人を含むか否かについては，肯定説が一般的である。最高裁判所も八幡製鉄政治献金事件判決（昭45.6.24）で，営利会社の政治的行為の自由の主張を認めている。平等原則が法人に保障されることに異論はほとんどない。

正解　2

Q 7　信教の自由

★★

　憲法に定める信教の自由に関する記述として妥当なのは，次のどれか。

1　信教の自由では，宗教的結社の自由が保障されており，宗教法人の設立に関して，文部科学大臣又は都道府県知事による宗教法人の規則の認証を受けることを要すると法律で定めることは許されない。

2　信教の自由では，国及びその機関は宗教教育その他いかなる宗教的活動も禁止されており，宗教的寛容を養うことを目的とする一般的な宗教に関する教育であっても，国公立学校において行うことは許されない。

3　信教の自由では，宗教上の行為の自由が何人に対しても保障されており，その保障は無制約なものであり，公共の福祉その他いかなる理由によっても制限し得ないとされている。

4　信教の自由では，信仰の自由が何人に対しても保障されており，信仰をもつこと又はもたないことについて公権力によって妨げられず，公権力が特定の宗教を強制することは，いかなる理由によっても許されない。

5　信教の自由では，公の財産を宗教上の組織の便益のために利用に供することが禁止されており，市有地を宗教的施設の敷地として町内会に貸すことは，いかなる理由によっても許されない。

| 正解チェック欄 | 1回目 | | 2回目 | | 3回目 | | Ⓐ |

　憲法は，「信教の自由は，何人に対してもこれを保障する。いかなる宗教団体も，国から特権を受け，又は政治上の権力を行使してはならない」（憲法20①）と規定し，「国及びその機関は，宗教教育その他いかなる宗教的活動もしてはならない」（憲法20③）とする。個人の信教の自由と政教分離を一体的に考え，公の財産の支出利用の制限もあわせて規定する（憲法89）のが，わが国の憲法の特徴である。

1　誤り。宗教的結社が，法人格を与えられるかどうかは，主として財産管理，取引の安全の確保の見地からのものと解され，法律が一定の設立要件を課すのは憲法20条に反しない。

2　誤り。憲法20条3項にいう宗教教育は，特定宗教の宣伝布教，又は排斥を目的として行われる教育のことである。一般に宗教の研究や宗教的寛容を養うためなどの非宗教的な教育まで禁じたものではない。

3　誤り。内面的信仰について，その保障は絶対的であるが，信教が外面的行為となって表れたときは，「公共の福祉」による制約を受ける場合のあることはいうまでもない（神戸簡判昭50.2.20）。迷信に基づく擬似医療をしたり，人心の弱点につけこんで，公序良俗を著しく損なうようなものは，一定の取締りに服さなければならないのは当然である。

4　正しい。その通り。

5　誤り。宗教的行為を行う町内会に対し，公の財産（敷地）を無償で貸与することは違憲だが，譲渡や適正額の賃貸により是正されれば合憲となる（富平神社事件；最判平22.1.20，空知太神社事件；最判平24.2.16）。

| 正解 | 4 |

Q 8 表現の自由

★★★

　憲法に定める表現の自由に関する記述として妥当なのは，次のどれか。

1　表現の自由は，個人の思想，信条，意見の表出活動の自由をいい，これには言論の自由及び出版の自由が含まれるが，映画，図書などにおいては，公権力が思想の内容をあらかじめ審査する検閲は合憲とされる。

2　表現の自由は，個人の思想，信条，意見の表出活動の自由をいい，これには知り得た情報を報道する自由が含まれ，公権力により妨げられることなく絶対無制限に保障される。

3　表現の自由は，共同の目的を有する多数人の集団の意思を表現する自由をいい，これには集会の自由及び結社の自由が含まれるが，明らかに公共の福祉に反する集会及び結社に対しては，一般許可制による事前抑制が許される。

4　表現の自由は，人の内心における精神作用を方法のいかんを問わず外部に公表する精神活動の自由をいい，これには口頭及び印刷物だけでなく，絵画，映画，演劇などの手段による表現の自由が含まれる。

5　表現の自由は，人の内心における精神作用を方法のいかんを問わず外部に公表する精神活動の自由をいい，これには芸術上の表現活動の自由が含まれ，公共の福祉を理由として制限されることのない自由が保障される。

| 正解チェック欄 | 1回目 | 2回目 | 3回目 | |

　憲法21条は，「集会，結社及び言論，出版その他一切の表現の自由は，これを保障する」（憲法21①）と定め，「検閲は，これをしてはならない」（憲法21②前段）と規定する。精神的自由の一つであり，個人の人格形成及び民主主義の維持運営にとり，不可欠なものである。

1　誤り。表現の自由は，思想，信条，意見，知識，事実，感情など個人の精神活動にかかわる一切のもの（情報）の伝達に関する活動の自由と解することができる。映画，図書による伝達形態ももちろん含まれ，検閲は許されない。

2　誤り。報道機関の報道は「国民の知る権利」に奉仕するため，報道の自由は憲法21条の保障の下にあり尊重に値するが，たとえば公正な刑事裁判の実現など憲法上の要請があるときは，ある程度の制約を受ける（最判昭44.11.26）。

3　誤り。表現の自由は，多数人の集団の意思の表現に限らない。集会及び結社に対して，一般許可制による事前抑制は許されないが，「明白かつ現在の危険」が存する場合には，個別，例外的に許可に不許可とする旨の定めは許される（最判昭29.11.24）。

4　正しい。その通り。

5　誤り。芸術上の表現活動の自由も，公共の福祉を理由として制限される。わいせつ文書に関してはチャタレイ事件判決（最判昭32.3.13）や「悪徳の栄え」事件判決（最判昭44.10.15）があり，プライバシーに関しては「石に泳ぐ魚」出版差止請求事件判決（最判平14.9.24）がある。いずれも芸術至上主義はとらない。

正解　4

9　居住・移転の自由又は職業選択の自由

★★

　憲法に定める居住・移転の自由又は職業選択の自由に関する記述として妥当なのは，次のどれか。

1　居住・移転の自由は，外国人にも日本国民と同様に保障され，外国人の日本への入国を制限することは許されない。

2　居住・移転の自由は，日本国民には当然に保障されるが外国人には保障されず，またこの自由には外国移住の自由が含まれる。

3　職業選択の自由は，公共の福祉のために合理的な制限に服し，またこの自由には職業遂行の自由が含まれる。

4　職業選択の自由は，自分の従事すべき職業を決定する自由をいい，この自由には営業の自由は含まれない。

5　職業選択の自由は，外国人にも日本国民と同様に保障され，外国人に対して特別の制限を加えることは許されない。

| 正解チェック欄 | 1回目 | | 2回目 | | 3回目 | | **A** |

　憲法は，「何人も，公共の福祉に反しない限り，居住，移転及び職業選択の自由を有する」（憲法22①）と規定する。封建時代の生産者たる人民の土地への緊縛や身分制的束縛からの解放を前提に成立した経緯から，居住・移転及び職業選択の自由を一体として保障している。

1　誤り。外国人の人権保障は，わが国にすでに入国している外国人についての問題であり，判例も「国際慣習法上，外国人の入国の許否は当該国家の自由裁量により決定し得るもの」（最判昭32.6.19）と解しており，憲法上外国人の入国の自由は問題となり得ない。

2　誤り。基本的人権の保障は，権利の性質上日本国民のみを対象とすると解されるものを除き，わが国に在留する外国人に対しても等しく及ぶ（最判昭53.10.4）。また外国移住は，元来居住・移転の内容に含まれるべきものであるが，移動する地域が国外であることから，憲法は別に規定している（憲法22②）。

3　正しい。職業選択の自由は，職業を選択する自由と職業を遂行する自由の両者よりなる。職業選択の自由は，経済的自由であり，かつその制限につき「厳格な合理性の基準」が妥当する。

4　誤り。職業選択の自由には，経済史学の立場から異説はあるが「営業の自由」を含むと解するのが通説である。

5　誤り。職業選択の内実をなす公務員の就任権については，国家意思の形成に携わる公務員は日本国民に限るという政府見解が現在も行われている。判例は，地方自治体レベルの管理職に関して，国民主権の原理から法体系上，想定されていないとして，外国人の公権力行使等公務員，すなわち管理職への就任を認めない（最判平17.1.26）。

| 正解 | 3 |

Q 10　教育の権利義務

★

　憲法に定める教育に関する権利義務についての記述として妥当なのは，次のどれか。

1　すべて国民は，その精神的・肉体的能力及び財力に応じて，等しく教育を受ける権利を有する。

2　すべて国民は，国に対して義務教育を受ける権利を有するが，義務教育以降の高等教育や社会教育を受ける権利までは有しない。

3　国は，義務教育を受けるのに必要な経費である授業料，教科書，学用品その他の費用を無償としなければならない。

4　すべて国民は，その保護する子女に普通教育を受けさせる義務を負うが，国も合理的な教育制度と施設を確立する義務を負う。

5　普通教育における教育の内容や方法の決定は，全国的な教育水準を維持するため全面的に国の権限に委ねられている。

| 正解チェック欄 | 1回目 | 2回目 | 3回目 | **A** |

憲法

　教育を受ける権利とは，国民が幸福追求権の一環として教育の自由を有することを前提として，国に対して合理的な教育制度と施設を通じて教育の場を提供することを要求する権利である。

1　誤り。すべて国民は，「その能力に応じて」，ひとしく教育を受ける権利を有する（憲法26①）。一方，憲法は「義務教育は，これを無償とする」と規定するので（憲法26②後段），問題文の「財力に応じて」の部分は明らかにこれと矛盾する。

2　誤り。教育を受ける権利の対象は，義務教育に限らず，高等教育，社会教育さらに生涯教育にまで及ぶと解されている。

3　誤り。憲法26条をプログラム規定と解するのが有力であり，無償の範囲について諸説があり得るが，最高裁判所は，授業料無償説をとっている（最判昭39.2.26）。

4　正しい。憲法は「すべて国民は，法律の定めるところにより，その保護する子女に普通教育を受けさせる義務を負ふ」と規定する（憲法26②前段）。教育を受けさせる義務は，第一義的に保護者が負うが，施す教育の内容については，普通教育を必須と定めている。また国民自ら教育を施すには限界があるので，国も，合理的な教育制度と施設を確立する義務を負うとされる。このことから，教育を受ける権利は，社会権としての性格を帯有すると言われる。

5　誤り。最高裁判所は，旭川学力テスト事件に関して，本肢のような国家教育権説と保護者の付託を受けた教師側に決定権があるとする国民教育権説，いずれにも与せず，親，私学，教師及び国がそれぞれの役割分担を果たす領域と権限があると判示した（最判昭51.5.21）。

正解　4

Q 11　刑事手続上の権利

★★

　憲法に定める刑事手続上の権利に関する記述として妥当なのは，次のどれか。

1　何人も，現行犯として逮捕される場合を除いては，検察官が発し，かつ逮捕の理由となっている犯罪を明示する令状によらなければ，逮捕されない。

2　何人も，現行犯として逮捕される場合又は逮捕状に基づいて逮捕される場合を除いては，その住居，書類及び所持品について，侵入，捜索及び押収を受けることはない。

3　何人も，弁護人に依頼する権利を与えられなければ拘禁又は抑留されず，起訴された場合に被疑者が自ら弁護人を依頼することができないときは，国が弁護人を附さなければならない。

4　何人も，本人及びその弁護人の出席する公開の法廷で理由を示された後でなければ，抑留又は拘禁されることはない。

5　何人も，自己に不利益な供述を強要されず，自己に不利益な唯一の証拠が本人の自白である場合には，有罪とされ，又は刑罰を科せられない。

正解チェック欄	1回目	2回目	3回目	**A**

　憲法は，「何人も，現行犯として逮捕される場合を除いては，権限を有する司法官憲が発し，且つ理由となつてゐる犯罪を明示する令状によらなければ，逮捕されない」（憲法33）と規定する。逮捕に関する行政権力に対して司法からの抑制を図る趣旨である。

1　誤り。検察官ではなく，権限を有する司法官憲である（憲法33）。この場合の「権限を有する司法官憲」は裁判官のみを指す。

2　誤り。現行犯逮捕及び逮捕状に基づく逮捕の場合は，住居，書類，所持品について，侵入，捜索及び押収を行う際に，格別の令状は必要とされない（憲法33，35）。それ以外の場合は，司法官憲が発する令状があれば，住居，書類，所持品について，侵入，捜索及び押収を行うことができる。なお，GPS捜査について，憲法35条の保障対象には「住居，書類，所持品」に限らず，これらに準ずる私的領域に「侵入」されることのない権利も含まれ，令状主義が適用される（最判平29.3.15）。

3　誤り。被疑者ではなく，被告人である（憲法37③）。

4　誤り。憲法は34条の前段で，「何人も，理由を直ちに告げられ，且つ，直ちに弁護人に依頼する権利を与へられなければ，抑留又は拘禁されない」とし，公開法廷での理由の開示が，抑留又は拘禁の事前になされることを要求していない。同条後段で「何人も，正当な理由がなければ拘禁されず，要求があれば，その理由は，直ちに本人及びその弁護人の出席する公開の法廷で示されなければならない」としている。

5　正しい。憲法38条1項と3項の条文そのものである。

正解　5

Q 12　国会議員の特権

★★

国会議員の特権に関する記述として妥当なのは，次のどれか。

1　国会議員は，法律の定めるところにより相当額の歳費を受けることができるが，その職務の性質上実費支弁的な手当を受けることはできない。

2　国会議員は，院外における現行犯罪の場合又は国会の会期中であってもその議院の許諾がある場合には，不逮捕特権が認められない。

3　国会議員は，国会の会期前に逮捕された場合，会期中に限ってはその議院の要求の有無にかかわらず釈放されなければならない。

4　国会議員は，議院で行った演説，討論について院外で責任を問われることはなく，またこの免責特権は政府委員，公述人や参考人にも適用される。

5　国会議員は，議院で行った討論，表決について院外で責任を問われることはなく，この免責特権は刑事責任に関してのみ認められる。

正解チェック欄	1回目		2回目		3回目		Ⓐ

国会議員の特権には，①国会会期中の不逮捕特権と②院内発言の免責特権がある。この制度は，国民の代表たる議員の自由な活動に対する行政権，立法権からの不当な介入を防ぐという，歴史的な淵源をもつ。「会期中」に，参議院の緊急集会の期間は含まれるが，国会閉会中の委員会の継続審議の期間は含まれない。発言の免責特権は，国務大臣としての発言には認められないこと，議事堂外であっても，たとえば議院開催の地方公聴会など議院の活動として職務上行った演説等についても認められることに注意。なお地方議員にはこれらの特権は認められないと解されている。

1　誤り。国会議員の歳費の性質については，専業政治家の生活保障であるという説と非専業の国民代表による国政運営という近代議会制の理念から職務遂行上必要な費用弁償の性質をもつという説とがある。いずれにしても憲法が，国会議員の実費支弁的な手当を禁じているとは解されず，現に国会議員は，退職金（国会法36），通信等手当（国会法38），旅費（国会議員の歳費，旅費及び手当等に関する法律8）などを受ける。

2　正しい。憲法50条は「両議院の議員は，法律の定める場合を除いては，国会の会期中逮捕されず」と規定する。法律の定める例外は，院外における現行犯の場合又は院の許諾があった場合である（国会法33）。

3　誤り。国会の会期前に逮捕された議員は，その議院の要求のある場合に，会期中に限り釈放される（憲法50）。

4　誤り。この免責特権は両議院の議員に限られる。

5　誤り。憲法51条は，議員の議院内における言論に基づく一切の法的責任を免除する絶対的免責特権を規定したものと解されている（札幌地判平5.7.16）。

正解	2

Q 13　国政調査権

★

　憲法に定める議院の国政調査権に関する記述として妥当なのは，次のどれか。

1　両議院は，内閣の不当な行為に関しては，それぞれ単独で調査を行うことができるが，違法な行為に関する調査は，両議院の意見が一致しなければこれを行うことはできない。

2　両議院は，国政調査権を行使するに当たっては，議院の議決により調査特別委員会を設置して，これに調査を行わせなければならず，各議院が自ら調査を行うことはできない。

3　両議院が，国政調査権に基づき，公務員に対して記録の提出を要求した場合には，それが職務上の秘密に関するものであっても，公務員は必ずそれを提出しなければならない。

4　両議院が，国政調査権に基づき，証人として出頭を求めたときには，何人もこれに応じなければならず，また，自己又は近親者が刑事上の訴追を受ける恐れがあることを理由として証言を拒むことはできない。

5　両議院は，国政調査に関して，証人の出頭及び証言並びに記録の提出を要求することができ，この三つの方法には強制力が認められているが，捜索，押収などの強制手段は認められていない。

正解チェック欄	1回目	2回目	3回目	**A**

国政調査権については，「両議院は，各々国政に関する調査を行ひ，これに関して，証人の出頭及び証言並びに記録の提出を要求することができる」とされている（憲法62）。

1　誤り。両議院は，各々国政に関する調査を行い得ると憲法で定めている以上，内容によって両議院の意見一致というような条件を付して国政調査権を制限することはできない。

2　誤り。国会法45条により，各議院は特別委員会を設けることが**できる**となっているから，各議院が自ら調査を行うこともできる。なお議院の自律性から，いったん特別委員会を設置したときは，委員以外の議員は介入できない。

3　誤り。公務員の職務上の秘密に関するもので，その旨を公務員が申し立てたときは，その公務所の承認がない場合は，提出しなくてもよい。ただし公務所は承認拒否の理由を**疏明**しなければならない（議院証言法5②）。

4　誤り。正当な理由がなくて拒否すれば処罰される（議院証言法7）が，自己帰罪的証言は拒否できる（議院証言法4）。

5　正しい。調査手段として証人の出頭及び証言並びに記録の提出について，正当な理由なく不出頭，書類の不提出，証言拒否をした者は，1年以下の禁錮（令和7年6月1日より「拘禁刑」）又は罰金に処せられるが（議院証言法7），捜索，押収などの強制手段は憲法上許されないと解されている。

正解	5

疏　　明

確信には至らなくても相手方に一応確からしいという心証を得させる程度の説明努力のこと。これに対して，確信を得るに至らせる努力を証明と言い，裁判では，裁判官は証明に基づき判断を下すのが原則である。疏明は，手続きの簡易迅速のため法が特に定めた場合のみ認められる。

Q | **14**　衆議院の優越

★★★

憲法に定める衆議院の優越に関する記述として妥当なのは，次のどれか。

1　法律案の議決については，衆議院と参議院とが異なった議決をした場合に，両議院の協議会を開いても意見が一致しないときは，衆議院の議決を国会の議決とする。

2　予算の議決については，衆議院と参議院とが異なった議決をした場合に，衆議院で総議員の過半数の賛成で再議決したときは，衆議院の議決を国会の議決とする。

3　条約の承認の議決については，衆議院と参議院とが異なった議決をした場合に，衆議院で出席議員の3分の2以上の賛成で再議決したときは，衆議院の議決を国会の議決とする。

4　内閣総理大臣の指名の議決については，衆議院が指名の議決をした後，国会休会中の期間を除いて10日以内に参議院が指名の議決をしないときは，衆議院の議決を国会の議決とする。

5　憲法改正の発議の議決については，衆議院が議員の3分の2以上の賛成で発議の議決をした後，国会休会中の期間を除いて30日以内に参議院が発議の議決をしないときは，衆議院の議決を国会の議決とする。

法

正解チェック欄	1回目	2回目	3回目	Ⓐ

　条文だけで解ける問題だが，衆議院の優越が認められる①法律案，②予算案，③条約，④内閣総理大臣の指名の各議決について，再議決の要否，表決数等を混同しないよう注意が必要である。

　1　誤り。法律案の議決について，衆議院と参議院とが異なった議決をし，両議院の協議会を開いた場合に，それでも意見が一致しないときは，再び衆議院で出席議員の3分の2以上の多数で可決をしなければ，法律とならない（憲法59②）。なお他の場合（予算，条約の承認及び内閣総理大臣の指名）と異なり，この場合の両議院の協議会は（衆議院の）任意開催である。

　2　誤り。予算は衆議院で先議されるが，①参議院で衆議院と異なった議決をした場合に，両議院の協議会を開いても意見が一致しないとき，又は②参議院が衆議院の可決した予算を受け取った後，国会休会中の期間を除いて30日以内に議決しないときは，衆議院の再議決を経ずにそのまま衆議院の議決が国会の議決となる（憲法60②）。

　3　誤り。条約の締結に必要な国会の承認については，予算のような衆議院の先議権はないが，上記60条2項が準用される（憲法61）。したがって衆議院の再議決は必要ではない。

　4　正しい。内閣総理大臣の指名については，両議院不一致の場合に，①両議院の協議会を開いても意見が一致しないとき，又は②衆議院が指名の議決をした後，国会休会中の期間を除いて10日以内に参議院が指名の議決をしないときは，衆議院の議決を国会の議決とする（憲法67②）。

　5　誤り。憲法改正の発議の議決について，衆議院の優越はない。憲法改正は，各議院の総議員の3分の2以上の賛成で，国会がこれを発議することになっている（憲法96①）。

正解	4

Q 15　内閣総理大臣と内閣

★★

　内閣総理大臣又は内閣に関する記述として妥当なのは，次のどれか。

1　内閣総理大臣は，国務大臣の過半数を国会議員の中から任命しなければならず，この要件を満たさなくなった場合には，閣議決定に基づいて国務大臣を任免し，すみやかにこの要件を満たすよう措置しなければならない。

2　内閣総理大臣は，閣議を主宰して内閣の意思決定を行うが，各国務大臣は，他の国務大臣が分担管理する行政事務については，内閣総理大臣に案件を提出して閣議を求める権限を有しない。

3　内閣総理大臣は，あらかじめその職務を臨時に代理させる国務大臣を指定することとされ，内閣総理大臣が欠けた場合には，当然にこの国務大臣が内閣総理大臣の職務を行うこととされている。

4　内閣は，行政権の行使については国会に対し連帯して責任を負うことから，ある国務大臣が国会で不信任の決議を受けた場合には，閣議において当該国務大臣の免職を決定しない限り，内閣は総辞職しなければならない。

5　内閣は，総辞職した場合であっても，行政の継続性を確保するために必要な最小限の事務を行うが，国会で新たな内閣総理大臣が指名された時にはその事務を終了することとされている。

| 正解チェック欄 | 1回目 | 2回目 | 3回目 | | **A** |

　内閣総理大臣は，内閣の組織及び運営の最高責任者であり，内閣の首長である。明治憲法での「同輩中の首席」のような弱い立場とは全く異なる。内閣総理大臣の主な職権は①内閣を代表すること，②国務大臣の任免権，③行政各部の指揮監督権，④国務大臣の訴追に対する同意権，⑤法律政令に署名又は連署することなどである。一方，内閣の職権は行政の多岐にわたるから，むしろ内閣総理大臣の職権を消去したものと考えたほうが分かりやすい。

1　誤り。「閣議決定に基づいて」という部分が誤り。国務大臣を任命するのは内閣総理大臣の権限であり，閣議に諮る必要はない。国務大臣の罷免も同様に内閣総理大臣の一存で決める（憲法68）。

2　誤り。各大臣は，案件の如何を問わず，内閣総理大臣に提出して，閣議を求めることができる（内閣法4③）。

3　正しい。内閣総理大臣が欠けたときは，内閣は総辞職するが（憲法70），新たに内閣総理大臣が任命されるまで引き続きその職務を行うこととなる。内閣総理大臣は，臨時代理者をあらかじめ国務大臣の中から指定しておく（内閣法9）。

4　誤り。ある国務大臣が国会で不信任の決議を受けた場合，政治道徳上の責任はあるにしても，法的効果や責任の取り方等について憲法は何も定めていない。また国務大臣の免職は閣議事項ではない。

5　誤り。総辞職した内閣が引き続き職務を行うのは，新たに内閣総理大臣が任命されるまでである。天皇は，国会の指名に基づき内閣総理大臣を任命する（憲法6①）。

正解　3

Q 16 内閣の総辞職

★★

憲法上，内閣の総辞職に関する記述として妥当なのは，次のどれか。

1　内閣は，内閣総理大臣が議院での懲罰により除名されて国会議員としての地位を失ったとき，又は内閣総理大臣が死亡したときは，総辞職をしなければならない。

2　内閣は，衆議院において内閣不信任の決議案が可決されたとき，又は内閣総理大臣を除く国務大臣の過半数が辞職したときは，総辞職をしなければならない。

3　内閣は，内閣総理大臣が国会議員の任期満了により国会議員としての地位を失ったとき，又は内閣総理大臣が在任中訴追されたときは，総辞職をしなければならない。

4　内閣は，衆議院において予算が否決されたとき又は衆議院の解散による衆議院議員総選挙の後に初めて国会の召集があったときは，総辞職をしなければならない。

5　内閣は，内閣総理大臣を除く国務大臣の過半数が国会議員でなくなったとき，又は国務大臣のうち1人でも文民でなくなったときは，総辞職をしなければならない。

| 正解チェック欄 | 1回目 | 2回目 | 3回目 | | **A** |

内閣が総辞職するのは次の場合である。②，③，④の場合は，必ず総辞職しなければならない。

① 内閣が自ら総辞職すると決めた場合

② 衆議院が内閣の不信任の決議案を可決し，又は内閣の信任の決議案を否決したとき，10日以内に衆議院が解散されない場合（憲法69）

③ 内閣総理大臣が欠けた場合（憲法70前半）

④ 衆議院議員総選挙の後に初めて国会の召集があった場合（憲法70後半）

1 正しい。両方とも内閣総理大臣が欠けた場合に当たる。

2 誤り。衆議院において内閣不信任の決議案が可決されたときは，上記②の通り，10日以内に衆議院が解散されないことが総辞職の条件である。内閣総理大臣を除く国務大臣の過半数の辞職は，総辞職しなければならない要件ではない。

3 誤り。内閣総理大臣が国会議員の任期満了により国会議員としての地位を失ったときは，上記③の内閣総理大臣が欠けた場合に当たるから正しいが，後半が誤り。内閣総理大臣が在任中訴追されるか否かは，学説上見解が分かれるが，仮に在任中訴追されたとしても，国会議員の地位を失うわけではなく，総辞職をしなければならない場合に当たらない。

4 誤り。後半は上記④により正しいが，衆議院において予算が否決されても，総辞職をしなければならない場合に当たらない。

5 誤り。内閣総理大臣及び国務大臣は文民でなければならないが（憲法66②），国務大臣のうち文民でなくなったものがいるときは，これを罷免すれば済むことで，やはり総辞職しなければならない場合に当たらない。

正解 1

Q 17　裁判官の身分保障

★

　裁判官の身分保障に関する記述として妥当なのは，次のどれか。

1　憲法は，裁判官が公の弾劾によって罷免されることを定めており，何人も裁判官について罷免の事由があると認めるときは，弾劾裁判所に対して弾劾裁判を行うことを要求することができる。

2　憲法は，国会議員で組織する弾劾裁判所の設置を定めており，弾劾による罷免の事由には，裁判官が著しく不当な判決を下したとき及び職務の内外を問わずその威信を著しく失うべき非行を行ったときがある。

3　憲法は，最高裁判所裁判官の国民審査について定めており，その裁判官は任命後10年を経過した後初めて行われる衆議院議員総選挙において最初の国民審査に付され，その後10年ごとに同様の審査に付される。

4　憲法は，裁判官が裁判所の裁判により罷免されることを定めており，裁判官が全体の奉仕者としてふさわしくない非行を行った場合及び回復困難な心身の故障により職務を執れない場合には，この裁判により罷免される。

5　憲法は，裁判官の懲戒処分を行政機関が行うことができないことを定めているが，立法機関もこれを行うことができず，懲戒処分は，司法部のみが行うことができ，その処分も戒告及び過料に限られる。

正解チェック欄	1回目		2回目		3回目		**A**

憲法

　憲法は，「国会は，罷免の訴追を受けた裁判官を裁判するため，両議院の議員で組織する弾劾裁判所を設ける」（憲法64①）と規定し，「弾劾に関する事項は，法律でこれを定める」（憲法64②）としている。「裁判官弾劾法」が定める罷免事由は，①職務上の義務に著しく違反し，又は職務を甚だしく怠ったとき，②その他職務の内外を問わず，裁判官としての威信を著しく失うべき非行があったときである。

1　誤り。何人も，裁判官について罷免の事由があると思料するときは，弾劾裁判所に対して弾劾裁判を行うことを要求することができるのではなくて，衆参両議院の議員で組織する裁判官訴追委員会に対して，罷免の訴追をすべきことを要求することができる（裁判官弾劾法15①）。

2　誤り。著しく不当な判決は，罷免事由とはならない。判決内容によって罷免することは裁判官の独立を侵すことになるからである。ただし全く常軌を逸した，いい加減な判決を下した背景として，職務上の義務に著しく違反し，又は職務を甚だしく怠った事実が認められるときは罷免事由となり得る。

3　誤り。最高裁判所裁判官は任命後初めて行われる衆議院議員総選挙において最初の国民審査に付され，その後10年を経過した後初めて行われる衆議院議員総選挙の際さらに審査に付し，その後も同様とする（憲法79②）。

4　誤り。裁判官が裁判所の裁判により罷免される可能性があるのは，心身の故障のために職務を執ることができない場合だけである（憲法78）。

5　正しい。司法の独立性から，問題文の通りである。懲戒は，裁判官分限法2条により，戒告又は1万円以下の過料である。

正解　5

Q 18　違憲審査権

★★★

　憲法に定める違憲審査権に関する記述として妥当なのは，次の
どれか。

1　違憲審査権は，最高裁判所のみならず下級裁判所も有して
おり，この審査権の対象には，裁判所の判決及び地方公共団
体の条例・規則が含まれる。

2　違憲審査権は，最高裁判所のみが有しており，この審査権
の対象には，国務大臣の任免行為及び国会の各議院における
議事手続が含まれる。

3　違憲審査権は，最高裁判所のみならず下級裁判所も有して
おり，最高裁判所では，具体的な訴訟事件と関係なく抽象的
に法令の違憲性を審査することができる。

4　違憲審査権は，最高裁判所のみが有しており，違憲判決の
効力は，個別的な訴訟事件に対して及ぶだけでなく，その訴
訟事件に係る法令の効力を一般的に失わせる。

5　違憲審査権は，最高裁判所のみならず下級裁判所も有して
おり，下級裁判所では，法令の実質的内容の違憲性を審査す
ることはできないが，法令の制定手続の違憲性を審査するこ
とはできる。

正解チェック欄　| 1回目 | | 2回目 | | 3回目 | |

最高裁判所は，一切の法律，命令，規則又は処分が憲法に適合するかしないかを決定する権限を有する終審裁判所である（憲法81）。

1　正しい。下級裁判所も違憲審査権を有する（最判昭25.2.1）。「終審裁判所」という表現は，当然前審の裁判所を予定しているし，また最高裁判所に違憲審査権を独占させる理由もないからである。裁判所の行う裁判も違憲審査権の対象である（最判昭23.7.8）。また地方公共団体の条例は，憲法81条の「法律」，規則は「命令」に当たると解されている。なお憲法81条の「法律，命令，規則又は処分」は例示であるとする説もある。

2　誤り。下級裁判所も違憲審査権を有する。国務大臣の任免行為は，内閣総理大臣の政治的裁量的判断に委ねられている事項であり，また国会の各議院における議事手続は，国会の自律権に属する事項であり，これらは元来，司法審査の対象にはならないと解されている。

3　誤り。裁判所は，具体的な訴訟事件と無関係に抽象的に法令の違憲性を審査することができないとするのが判例・通説である（警察予備隊合憲性事件；最判昭27.10.8）。

4　誤り。違憲判決の効力についての考え方は大別すると，違憲とされた以上，その法令の規定は当然無効となるという一般的効力説と違憲判決の効力は訴訟当事者限りのものと解する個別的効力説とがある。判例は個別的効力説の立場に立っている。

5　誤り。下級裁判所も最高裁判所と同じ内容の違憲審査権を有している。

正解　1

Q 19　租税法律主義

★

　租税法律主義の原則に関する記述として妥当なのは，次のどれか。

1　この原則は，租税の賦課徴収について，これを変更する場合以外には改めて議会の議決を要しないとする永久税主義を基礎としており，日本国憲法の下では毎年議会の議決を要する一年税主義を採用することはできない。

2　この原則には，内容の一つとして課税要件法定主義があるが，課税要件及び租税の賦課徴収に関する具体的，個別的定めについては，政令，省令に委任することが許される。

3　この原則には，内容の一つとして合法性の原則があるが，租税の減免や徴収猶予など租税負担者にとって有利になる措置については，法律の根拠に基づくことなく，通達によって行うことができる。

4　この原則は，租税の賦課徴収のしくみや方法を特別扱いする法律の制定を禁じており，政策上の目的をもって特定の企業や国民に対し租税の軽減や免除を行う立法措置をとることは認められない。

5　この原則は，国が収納する手数料，使用料などの租税以外の経済的公課についても適用されるが，法律上又は事実上国の独占に属する事業における専売価格や事業料金については適用されない。

| 正解チェック欄 | 1回目 | 2回目 | 3回目 | A |

　あらたに租税を課し，又は現行の租税を変更するには，法律又は法律の定める条件によることを必要とする（憲法84）。これを租税法律主義と呼び，明治憲法でも採用されていた。その内容は，租税の賦課徴収の具体的内容をすべて明確に法定すべしという課税要件法定主義と税務行政庁の恣意的判断を排除する税務行政の合法律性の原則（単に，合法性の原則ともいう）である。

1　誤り。租税法律主義は，永久税主義を基礎としているわけではない。憲法は，明治憲法以来の永久税主義を容認しているが，一方で必ずしも一年税主義を否定するものでもなく，通説も法律で一年税主義を採用することは許されるとする。

2　正しい。課税要件法定主義が原則だが，判例・通説は，租税に関する定めを政令，省令に委任することが全く許されないわけではないと解している。ただし命令等への委任が明示的，具体的，個別的であることを要し，無制限な委任ができると解すべきではない。

3　誤り。たとえ租税負担者にとって有利になる措置であっても，通達ではなく，法律によって明確に定められ，それに基づいて措置されなければならない。

4　誤り。特定の企業や国民に対し租税の軽減や免除を行うことに合理性がない場合は，平等原則（憲法14）から問題となるが，直接租税法律主義には抵触しない。

5　誤り。一方的に決定され，強制力があるという意味で，税金と実質を同じくする負担金，手数料等にも租税法律主義は及ぶと解されている。また法律上又は事実上国の独占に属する事業における専売価格や事業料金についても租税法律主義が要求される。

| 正解 | 2 |

Q | 20　憲法改正

★★★

憲法改正に関する記述として妥当なのは，次のどれか。

1　日本国憲法の改正手続に関する法律は，満20歳以上の日本国民を国民投票の投票権者とする。

2　国会の議員が，憲法改正案の原案を発議するには，衆議院においては議員100人以上，参議院においては（議員）50人以上の賛成を要する。

3　憲法改正は，各議院の出席議員の3分の2以上の賛成で国会が発議するが，この議院における審議について，衆議院の優越はない。

4　憲法改正は，国民投票による有権者数の過半数の賛成によって国民が承認し，天皇が，国民の名で直ちにこれを公布する。

5　国民主権の原理を改正することはできないが，憲法改正国民投票制を廃止することは，憲法改正手続に従えば可能である。

| 正解チェック欄 | 1回目 | 2回目 | 3回目 | **A** |

　憲法改正については，96条のただ一つの条文しかないが，改正の限界論や改正手続の解釈論など奥が深いので注意を要する。

1　誤り。日本国憲法の改正手続に関する法律3条は，「日本国民で年齢満18年以上の者は，国民投票の投票権を有する」と規定する。これに関連して，公職選挙法も，選挙年齢を満18年以上とする（公職選挙法9）。

2　正しい。憲法改正案の原案の発議要件は，2の問題文のとおりであり（国会法68の2），通常の議案よりは要件を重くしている。

3　誤り。憲法改正は，各議院の総議員の3分の2以上の賛成で国会が発議するが（憲法96①），この総議員は定数から欠員を引いた在職者数と解するのが通説である。なお議院における審議については，衆議院の優越はない。

4　誤り。過半数については，有権者数ではなく有効投票数の過半数である（日本国憲法の改正手続に関する法律126，98②）。

5　誤り。憲法改正国民投票制は，国民の制憲権の思想を端的に具体化したものであり，その廃止は国民主権の原理を揺るがす意味をもつので，許されないと一般に考えられている。

正解　2

憲法改正の手続き
①　国会の発議 ―― 各議院の総議員の2/3以上の賛成 　　　×衆議院の優越，×議員定数，×出席議員数，○在職者数 　　　×内閣の発議，○内閣の国会への提案
②　国民の承認 ―― 国民投票において，その過半数の賛成 　　　×有権者数，×投票者数，◎有効投票数
③　天皇の公布 ―― 国民の名で 　　　　　　　　　　　　　　※　×○は通説，◎は法律による

Q 21 地方公共団体の種類及び事務

★★

地方公共団体の種類及び事務に関する記述として，妥当なのは次のどれか。

1 普通地方公共団体とは，道府県及び市町村をいい首都を構成する都及び特別区は含まれない。

2 市町村は，特別の必要がある場合においては，その事務の全部を共同処理するため，規約を定めて組合を設けることができる。

3 普通地方公共団体の処理する事務は，地域における事務及び法定受託事務である。

4 法定受託事務については，地方公共団体の議会は，一切関与する余地はない。

5 地方自治法において「自治事務」とは，地方公共団体が処理する事務のうち，法定受託事務以外のものをいう。

正解チェック欄 | 1回目 | | 2回目 | | 3回目 | | **A**

〔地方公共団体の種類〕

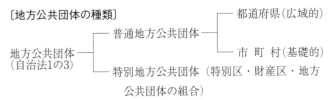

1　誤り。都は，普通地方公共団体に属し，特別区は，都に固有の特別地方公共団体である（自治法281）。なお，特別区は市と同格の基礎的地方公共団体である（自治法281の2②，283）。

2　誤り。その事務の全部を共同処理する組合（全部事務組合）を設置できるのは，町村に限られるとされていたが，平成23年の自治法改正により全部事務組合は廃止された（旧自治法284⑤削除）。

3　誤り。普通地方公共団体は地域における事務及びその他の事務で法律又はこれに基づく政令により処理することとされるものを処理する（自治法2②）。

4　誤り。議会は，法定受託事務に関して，書類等の検閲，報告の請求及び検査ができる（自治法98①）。また，監査委員に対し法定受託事務についての監査を求め，監査の結果に関する報告を請求することもできる（自治法98②）。

　　なお，①国の安全を害するおそれのある事項，②個人の秘密を害することとなる事項，土地収用法の規定による収用に関する裁決その他収用委員会の権限に属する事務については，検査の対象とすることができない（自治令121の4②）。

5　正しい（自治法2⑧参照）。

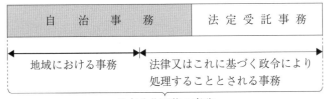

正解　5

Q 22 地方公共団体の区域（廃置分合・境界変更）

★★

地方自治法に規定する普通地方公共団体の区域に関する記述として妥当なのは，次のどれか。

1 都道府県の廃置分合又は境界変更は，総務大臣の許可による。

2 市町村の廃置分合又は境界変更は，関係市町村の申請に基づき都道府県知事が当該都道府県の議会の議決を経てこれを定めることで効力を生じる。

3 市の廃置分合をしようとするときは，都道府県知事は，あらかじめ総務大臣に協議し，その同意を得なければならない。

4 都道府県の境界にわたる市町村の境界変更は，都道府県の境界の変更をもたらすので，法律で定める。

5 市町村の境界に関して争いがあるときは，直ちに，当該市町村を包括する都道府県を管轄する地方裁判所に出訴することができる。

| 正解チェック欄 | 1回目 | | 2回目 | | 3回目 | | **A** |

地方自治法

地方公共団体は，①区域，②住民，③自治権により構成される。区域は，住民の範囲と自治権の及ぶ地域的範囲を確定する。区域には，陸地，河川等水面，領海，上空，地下が含まれる。

さて，地方公共団体の区域に変動をきたす事由には，廃置分合と境界変更がある（自治法6，7，9）。廃置分合は，地方公共団体の新設又は廃止をともなう点で境界変更と異なるが，手続きは同じである。

〔廃置分合の説明〕

		─（会社にたとえると）─
合　　体	A市・B市　→　C市	対等合併・新会社設立
編　　入	A市・B町　→　A市	吸収合併
分　　割	A市　→　B市・C市	新会社が2社できる
分　　立	A市　→　A市・B市	会社の一部門が独立

1　誤り。都道府県の廃置分合又は境界変更をしようとするときは法律で定める（自治法6①）。なお，平成16年5月の法改正により関係都道府県の申請に基づき内閣が国会の承認を経て行うことも可能となっている（自治法6の2①）。

2　誤り。議会の議決後，直ちに総務大臣に届出を要する。この届出を受理し告示することで，廃置分合又は境界変更の効力が生じる（自治法7①，⑦，⑧）。

3　正しい。市の廃置分合については，総務大臣への事前協議と同意が求められる（自治法7②）。

4　誤り。都道府県の境界にわたる市町村の設置又は境界変更は，関係普通地方公共団体の申請に基づき総務大臣が定める（自治法7③）。これに伴い都道府県の境界も自動的に変更する（自治法6②）。

5　誤り。市町村の境界に関して争論があるときは自治紛争処理委員による調停，知事の裁定等の手続きを経て，出訴できることになる（自治法9）。

| 正解 | 3 |

Q 23 条例と規則

★★★

　地方自治法に規定する条例及び規則に関する記述として，妥当なのは次のどれか。

　1　憲法94条は，「地方公共団体は，法律の範囲内で条例を制定することができる」と規定している。したがって，条例は，内閣が制定する政令や各省大臣の発する省令等に優先する。

　2　条例は，地方公共団体の自主法であることから，法定受託事務に関して定めることはできない。

　3　都道府県の条例は，すべて市町村の条例に優先する。

　4　条例は，長がその権限に関する事項に関して定める規則に優先する。

　5　地方公共団体は，義務を課し，又は権利を制限するには，法令に特別の定めがある場合を除くほか，条例によらなければならない。

正解チェック欄	1回目	2回目	3回目	Ⓐ

　条例及び規則に関しては，①法令と条例の効力関係，②都道府県条例と市町村条例の効力関係，③条例と規則の効力関係について，整理しておくとよい。

　1　誤り。憲法94条は設問の通りだが，自治法14条1項は，「法令に違反しない限りにおいて（中略）条例を制定することができる」と規定している。法令とは法律と命令（国の行政機関が制定する政省令）であり，条例は政省令に違反することはできない。

　2　誤り。条例制定権の範囲は，自治事務であるか法定受託事務であるかを問わない。自治法2条2項の事務に関して条例を制定できる（自治法14①）。

　3　誤り。都道府県条例と市町村条例とは，原則的に優劣関係はない。なお，市町村及び特別区は，当該都道府県の条例に違反してその事務を処理してはならない（自治法2⑯，⑰）。

　4　誤り。条例と規則は，所管事項が異なるため，原則的に優劣関係はない。長の専属事項に関して条例が制定された場合には，当該条例は，違法であり，長の規則が優先する。なお，長の専属的権限に属さない事項について，条例と規則が競合した場合には，条例が優先すると解する。

　5　正しい（自治法14②）。なお，条例については2年以下の懲役，禁錮（令和7年6月1日から「拘禁刑」に一元化），100万円以下の罰金，拘留，科料若しくは没収の刑又は5万円以下の過料を科する旨の規定を設けることができる（自治法14③）。「科料」は刑罰であり，行政上の秩序罰である「過料」と混同しないよう注意を要する。

正解	5

Q 24 直接請求制度

★★★

地方自治法に規定する直接請求制度に関する記述として，妥当なのは次のどれか。

1 地方自治法の定める直接請求制度には，条例の制定改廃請求，住民監査請求，議会解散請求，議会の議員，長及び主要公務員の解職請求の4種類がある。

2 条例の制定改廃請求及び主要公務員の解職請求は，長に対して行う。

3 長の解職請求及び議会の解散請求は，選挙権を有する者の50分の1以上の者の連署をもって，その代表者から選挙管理委員会に対して行う。

4 住民は，納税者としての立場で，地方税の賦課徴収に関する条例の制定改廃を請求することができる。

5 主要公務員の解職請求があったときは，長は，住民投票に付さなければならず，その投票において，過半数の同意があったとき当該公務員は失職する。

| 正解チェック欄 | 1回目 | | 2回目 | | 3回目 | | |

地方自治法

　地方自治法の直接請求は，住民自治を実現するためには選挙だけでは，必ずしも十分ではないとの考えから，間接民主主義を補完するものとして導入された制度である。

1　誤り。住民監査請求が事務監査請求の誤り（自治法12，13，242）。

2　正しい（自治法74①，86①）。

3　誤り。3分の1以上の連署を要する（自治法76①，81①）。

請求事項	連署数	請求先	決定方法
条例制定改廃	50分の1	長	議会の議決
事務監査	50分の1	監査委員	—
議会解散	3分の1※	選挙管理委員会	選挙人の投票
議員・長解職	3分の1※	選挙管理委員会	選挙人の投票
主要公務員解職	3分の1※	長	議会の議決

4　誤り。地方税の賦課徴収並びに分担金，使用料及び手数料の徴収に関する条例は，条例の制定改廃請求から除外されている（自治法74①）。なぜなら，地方公共団体の財政的基盤を危うくすると考えられるからである。

5　誤り。主要公務員の解職請求があったときは，長は，議会に付議し議員の3分の2以上の出席で，その4分の3以上の同意により当該公務員は失職する（自治法86，87）。

正解	2

　※　上記の中で「3分の1」の要件については，その総数が40万を超える場合に次のような規定がある（自治法76①，④，80①，④）。

$$\left[40万 \times \frac{1}{3}\right] + \left[(40万超80万以下の部分) \times \frac{1}{6}\right] + \left[(80万超の部分) \times \frac{1}{8}\right]$$

25 議員の兼職，兼業の禁止

★★★

　地方自治法に規定する普通地方公共団体の議会の議員の兼職及び兼業の禁止に関する記述として，妥当なのはどれか。

1　普通地方公共団体の議会の議員は，国会議員を兼ねることができないが，当該普通地方公共団体が組織する一部事務組合又は広域連合の議会の議員と兼ねることができる。

2　普通地方公共団体の議会の議員は，常勤の職員と兼ねることができないが，一定の期間を限り臨時的に雇用され，その期間中常時勤務している地方公共団体の職員とは兼ねることができる。

3　普通地方公共団体の事務の客観的な公平さを担保し，不祥事を未然に防止するため，個人による請負は金額の多寡にかかわらず禁止されている。

4　普通地方公共団体の議会の議員は，当該普通地方公共団体の選挙管理委員と兼ねることができる。

5　普通地方公共団体の議会の議員は，当該普通地方公共団体に対し請負をする者及びその支配人となることはできないが，主として同一の行為をする法人の無限責任社員となることはできる。

| 正解チェック欄 | 1回目 | 2回目 | 3回目 | **A** |

地方自治法

　議員の兼職，兼業の禁止は，議員の職を全うし，また，議会運営の公正や事務執行の適正を目的とする。

1　正しい（前段については自治法92①，後段については同法287②，291の4④）。

2　誤り。普通地方公共団体の議会の議員は，常勤の職員及び短時間勤務職員と兼ねることができない（自治法92②）。

3　誤り。議会の適正な運営を確保する観点から，政令で定める額（年間300万円）の範囲内で個人による普通地方公共団体に対する請負が可能となった（自治法92の2，令和5年3月1日施行）。

4　誤り。議員は，当該普通地方公共団体の選挙管理委員と兼ねることはできない（自治法182⑦）。

5　誤り。議員は，主として当該普通地方公共団体と請負関係にある法人の無限責任社員等になることはできない（自治法92の2）。

| 正解 | 1 |

26 100条調査権

★★★

地方自治法第100条に規定する普通地方公共団体の議会の調査権に関する記述として、妥当なのは次のどれか。

1 普通地方公共団体の議会の調査権の対象は、当該普通地方公共団体の事務のうち自治事務に限られる。

2 普通地方公共団体の議会は、当該普通地方公共団体の住民たる個人に対してのみ、出頭及び証言並びに記録の提出を請求できる。

3 普通地方公共団体の議会から出頭及び証言並びに記録の提出を請求された者が、出頭等を拒んだ場合には、例外なく、6ヵ月以下の禁錮又は10万円以下の罰金に処せられる。

4 公務員の職務上の秘密に属する事実については、調査の対象とすることができない。

5 普通地方公共団体の議会は、民事訴訟法の規定により宣誓をして行った証言の内容が虚偽であったときは、原則として、当該選挙人その他関係人を告発しなければならない。

正解チェック欄	1回目		2回目		3回目		**A**

地方自治法

　議会の調査権（自治法100）は，国会の国政調査権（憲法62）と同旨の制度であり，議会がその職責を全うするために行使すべき権限である。議会が地方公共団体の行政運営に関する情報を入手し，また事実関係等を調査する手段には，検査権，監査請求権，質問等があるが，100条調査権は，罰則付きで強制力を有する点において強力な権限といえる。

1　誤り。自治事務，法定受託事務の区別なく地方公共団体の事務は調査権の対象となる。

　　調査権（検査権・監査請求権も同じ）の及ばない事務の範囲は次表の通り（自治法100①，98①）。

自治事務	労働委員会・収用委員会の事務で政令で定める事務
法定受託事務	国の安全を害するおそれがあることその他の事由により政令で定める事務

2　誤り。調査の対象者は，選挙人その他関係人である（自治法100②）。

3　誤り。出頭，証言，記録の提出は，「正当な理由」があれば拒否しても免責される（自治法100③）。なお，平成24年の法改正で，これらは，当該調査を行うために「特に必要があると認めるとき」に限られることになった（自治法100①）。

4　誤り。当該公務員の属する官公署の承認があれば，証言等を請求できる。なお，官公署が承認を拒むときは，その理由を疏明しなければならない（自治法100④）。

5　正しい（自治法100⑦，⑨）。

正解	5

Q 27 議長・副議長の地位

★★★

地方自治法に規定する普通地方公共団体の議会の議長又は副議長に関する記述として，妥当なのは次のどれか。

1 普通地方公共団体の議会は，議員の中から議長及び副議長を選挙しなければならず，一般選挙後初めての議会においては，出席議員中の年長議員が臨時議長となり議長を選挙するものとする。

2 普通地方公共団体の議会の議長に事故があるときは，副議長が議長の職務を行うが，議長が欠けたときは，副議長が議長の職務を行うことなく，仮議長を選挙し，議長の職務を行わせなければならない。

3 普通地方公共団体の議会の議長は，議会の開会中は，議会の許可を得て辞職することができ，議会の閉会中においては，議員たる身分を辞することなく，議会の許可を得ずに議長たる職を辞することができる。

4 普通地方公共団体の議会の議長は，議事を整理し，議会の事務を統理しなければならず，委員会に出席し，議長として議事整理権や議会事務統理権の立場からは発言できるが，議事の内容に立ち入って質疑することはできない。

5 普通地方公共団体の議会の議長又は副議長は，当該不信任議決によって当然にその職を失うものであり，当該不信任議決に対して訴訟を提起することができる。

| 正解チェック欄 | 1回目 | 2回目 | 3回目 | |

地方自治法

議長，副議長に事故があるとき又は欠けたときの措置は，次の通り。

議長	副議長	措　置
事故	事故	→年長議員が臨時議長→仮議長を選挙，代行させる
欠	欠	→年長議員が臨時議長→共に選挙する
事故	──	→副議長が代行する
欠	──	→副議長が代行する
──	事故	→そのまま
──	欠	→副議長を選挙する

1　正しい。議会は，議員の中から議長及び副議長１人を選挙しなければならない（自治法103①）。臨時議長についても設問の通り（自治法107）。

2　誤り。議長に事故があるとき，又は議長が欠けたときは，副議長が議長の職務を行う（自治法106①）。

3　誤り。議長は，議会の許可を得ない限り，絶対に辞職できない（自治法108本文，行実昭22.10.6）。

4　誤り。議長は，委員会に出席し，発言することができる（自治法105）。議事の内容に立ち入って質疑することも差し支えない（行実昭27.6.21）。

5　誤り。自治法中には，議長又は副議長に対する不信任議決に対して法律上の効果を付与した規定はない。したがって，当該不信任議決によってその職を失うものではない。また，不信任議決に対する訴訟はできない（行実昭23.8.7）。

正解　1

Q 28 議決事件

★★

　地方自治法に規定する普通地方公共団体の議会の議決事件に関する記述として，妥当なのは次のどれか。

1　私法上の契約に基づく収入が納入されないまま，年度繰越となり，その後徴収不可能となった場合の欠損措置は，権利の放棄に当たらないので，議会の議決は必要でない。

2　普通地方公共団体は，当該普通地方公共団体が設置するすべての公の施設について，条例で定める長期かつ独占的な利用をさせる場合には，議会の議決を経なければならない。

3　議会の議決を経た契約の変更については，すべて議会の議決を経なければならず，議決を経た請負金額の減額変更の結果，条例に規定する金額に達しなくなったときでも，さらに議会の議決が必要である。

4　普通地方公共団体は，法定受託事務に係るものを含め，普通地方公共団体に関する事件については，いかなるものであっても条例で議会の議決すべきものを定めることができる。

5　普通地方公共団体がその当事者である訴えの提起に関することは，議会の議決が必要であるが，この訴えの提起について，当該普通地方公共団体が被告となって応訴する場合は含まれない。

正解チェック欄　1回目　2回目　3回目　**A**

地方自治法

　議会は，15の事件を議決しなければならない（自治法96①）。**制限列挙主義**がとられている。しかし，議決事項を条例により追加することを，法定受託事務の一部を除き，認めている（自治法96②）。

1　誤り。法令又は条例に特別の定めがある場合を除くほか権利を放棄するには，議会の議決が必要である（自治法96①Ⅹ）。私法上の契約に基づく収入が納入されないまま，年度繰越となり，その後徴収不可能となった場合の欠損措置は，「権利の放棄」として議会の議決が必要である（行実昭28.3.19）。

2　誤り。すべての公の施設についてではなく，「条例で定める重要な公の施設につき」，条例で定める長期かつ独占的な利用をさせる場合には，議会の議決が必要である（自治法96①Ⅺ）。

3　誤り。種類，金額について政令で定める基準に従い条例で定める契約を締結するためには，議会の議決が必要である（自治法96①Ⅴ）。しかし，議決を経た請負金額の減額変更の結果，条例に規定する金額に達しなくなったときは，議会の議決を要しない（行実昭37.9.10）。

4　誤り。法定受託事務に係る事件のすべてではない。国の安全に関することその他の事由により議会の議決すべきものとすることが適当でないものとして政令で定めるものを除き，議会の議決事件にすることができる（自治法96②）。100条調査権の場合も同じである（第26問の解説を参照）。

5　正しい（自治法96①Ⅻ）。

正解　5

29 議会の招集

★★★

　地方自治法に規定する普通地方公共団体の議会の招集及び会期に関する記述として，妥当なのは次のどれか。

1　議長は，臨時会が必要と判断したときは，直ちに長に対して臨時会の招集を請求することができる。

2　議会の招集は原則として長の権限事項であるが，臨時会については，議長が必要と判断したときは議長が招集することができる。

3　議員定数の4分の1以上の者は，長に対して臨時会の招集を請求できるが，この場合には議長に招集権はない。

4　普通地方公共団体の議会の招集は，開会の日前，都道府県及び市にあっては7日，町村にあっては3日までにこれを告示しなければならないが，告示後災害等の事由により会議を開くことが困難であると認めるときは，開催の日を変更することができる。

5　議長又は議員から臨時会の招集請求を受けた場合，長は，その必要性について判断し必要がないと認める場合は，招集しないことができる。

正解チェック欄　1回目　　2回目　　3回目　　**A**

地方自治法

〔臨時会の招集の流れ〕

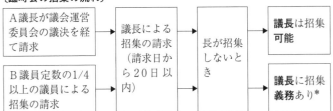

A議長が議会運営委員会の議決を経て請求 → 議長による招集の請求（請求日から20日以内） → 長が招集しないとき → **議長は招集可能**

B議員定数の1/4以上の議員による招集の請求 → → → **議長に招集義務あり***

＊　議長は，Bの議員の申出に基づき申出日から10日以内（都道府県・市）又は6日以内（町村）に招集する必要がある（101⑥）。

1　誤り。議長が臨時会の招集を請求するには，「議会運営委員会」の議決を経ることが要件である（自治法101②）。

2　誤り。議会の招集は原則として長の権限である（自治法101①）。ただし，平成24年の法改正で，議長の「臨時会招集請求」に長が従わない場合には，議長が臨時会を招集できることになった（自治法101⑤）。「できる」であることに注意。

3　誤り。議員の行う臨時会招集請求の場合は，長が従わなければ，議長が臨時会を招集しなければならない（自治法101⑥）。

4　正しい（前段については自治法101⑦，後段については同条⑧，令和4年12月16日施行）。

5　誤り。議長又は議員から臨時会の招集請求を受けたとき，長は，その請求日から20日以内に，臨時会を招集しなければならない（自治法101④）。

正解　4

Q 30 議会の委員会制度

★★★

　地方自治法に規定する普通地方公共団体の委員会に関する記述として，妥当なのは次のどれか。

1　議会は，法律の定めるところにより，常任委員会，議会運営委員会及び特別委員会を設置しなければならない。

2　議員は，自治法上，少なくとも一の常任委員となるものとされ，議員の任期中在任する。

3　常任委員会は，議会の議決すべき事件のうちその部門に属する事務に関するものについて，議会に議案を提出することができるが，議会運営委員会及び特別委員会は議案を提出できない。

4　公聴会及び参考人の制度は，本会議においてのみ行われるものである。

5　委員会の提出する議案に予算は含まれない。

正解チェック欄	1回目	2回目	3回目	**A**

地方自治法

　複雑多様な議案を適切に審査するために「委員会制度」がある。平成24年の法改正で委員会に関する自治法の規定が簡素化され，委員の選任，在任期間などの事項は条例に委任された。

1　誤り。議会は，条例で，常任委員会，議会運営委員会及び特別委員会を設置することができる。（自治法109①）。

2　誤り。委員の選任その他委員会に関し必要な事項（委員会の所属数や任期等）は，条例で定めるべきものとなった（自治法109⑨）。

3　誤り。いずれの委員会も議会に議案を提出できる（自治法109⑥本文）。

4　誤り。公聴会及び参考人の制度は，かつては委員会におけるものであったが，平成24年の法改正で本会議においても行えることになった（自治法115の２）。本会議の公聴会及び参考人に係る規定が委員会に準用されている（自治法109⑤）。

5　正しい（自治法109⑥但書）。

正解　5

Q 31 議会の会議（定足数・議事の表決）

★★

　地方自治法に規定する普通地方公共団体の議会の会議に関する記述として，妥当なのは次のどれか。

1　普通地方公共団体の議会は，原則として，議員定数の過半数が出席しなければ，会議を開くことができない。

2　定足数は，会議を開く際の要件であり，議決等のときには，定足数を欠いていても当該意思決定は有効である。

3　普通地方公共団体の議会の意思決定は，原則として出席議員の過半数をもって決する。

4　議会の議長は，定足数の基礎には含まれないが，表決の際の出席議員数には，常に含まれる。

5　定足数の基礎となる議員数は，地方自治法又は条例で定める議員定数ではなく，原則として，現に在職する議員数である。

正解チェック欄　| 1回目 | 2回目 | 3回目 | **A**

〔定足数〕

原　則	議員定数（法定数）の半数以上			自治法113
特別多数	①主要公務員の解職請求	現職数の ⇨	2/3以上	自治法87①
	②議員の除名		2/3以上	自治法135③
	③長の不信任		2/3以上	自治法178③
	④議会の自主解散		3/4以上	解散特例法

〔議決数〕

原　則	出席議員数の過半数（議長を除く）			自治法116
特別多数議決	①事務所の位置条例	議長含む	2/3以上	自治法4③
	②秘密会の開催		2/3以上	自治法115①
	③議員の資格決定		2/3以上	自治法127①
	④一般拒否権の再議		2/3以上	自治法176③
	⑤主要公務員の解職議決		3/4以上	自治法87①
	⑥議員の除名		3/4以上	自治法135③
	⑦長の不信任		3/4以上	自治法178③

1　誤り。定足数は，半数以上である。

2　誤り。定足数は，議決等意思決定の際にも必要である。

3　正しい（自治法116）。

4　誤り。定足数の基礎には，議長が含まれる。また，議長は表決
　に参加できない。ただし，特別多数議決の際には表決権がある。

5　誤り。定足数の基礎は，法定数。ただし，特別多数議決の場合
　は，現に在職する議員数が基礎となる。

正解　3

Q 32 議会の紀律，懲罰

★★

地方自治法に規定する普通地方公共団体の議会の議員の紀律及び懲罰に関する記述として，妥当なのは次のどれか。

1 傍聴人が会議を妨害するとき，議長は，これを制止し，その命令に従わないときは，これを退場させることができ，必要がある場合においては，これを警察官に引き渡すことができるが，その際には当該普通地方公共団体の長と協議しなければならない。

2 普通地方公共団体の議会の会議中，議場の秩序を乱す議員があるときは，議長は，これを制止し，又は発言を取り消させ，その命令に従わないときは，その日の会議が終わるまで発言を禁止し，又は議場の外に退去させることができる。

3 普通地方公共団体の議会の会議において，侮辱を受けた議員は，これを議会に訴えて処分を求めることができるが，委員会において侮辱を受けた議員については，これを議会に訴えて処分を求めることはできない。

4 普通地方公共団体の議会の議員が，会議規則に違反して秘密会の議事を外部に漏らした場合，その秘密性が継続しても，次の会期において懲罰を科することはできない。

5 普通地方公共団体の議会は，除名された議員で再び当選した議員を拒むことができ，その者が議員として活動することを認める必要はない。

<table>
<tr><td rowspan="2">正解チェック欄</td><td>1回目</td><td>2回目</td><td>3回目</td><td>Ａ</td></tr>
</table>

地方自治法

懲罰の種類と手続きは次のようになる（自治法135）。

議員定数の1/8以上の発議	① 公開議場での戒告 ② 公開議場での陳謝 ③ 一定期間の出席停止	議員定数の半数以上の出席で，過半数の同意
	④ 除名	在職議員の2/3以上の出席で，その3/4以上の同意

1 誤り。傍聴人が会議を妨害するとき，議長は，これを制止し，その命令に従わないときは，これを退場させることができ，必要がある場合においては，これを警察官に引き渡すことができる（自治法130①）。しかし，長との協議は不要である。

2 正しい（自治法129①）。

3 誤り。議会の会議「又は委員会」において，侮辱を受けた議員は，これを議会に訴えて処分を求めることができる（自治法133）。

4 誤り。議員が，会議規則に違反して秘密会の議事を外部に漏らした場合は，議決により懲罰を科すことができる（自治法134）。秘密性が継続する限り，次の会期において懲罰を科すことができる（行実昭25.3.18.）。

5 誤り。議会は，除名された議員で再び当選した議員を拒むことはできない（自治法136）。

正解 2

Q 33 長の権限

★★

　地方自治法に規定する普通地方公共団体の長の権限に関する記述として，妥当なのは次のどれか。

1　地方自治法は，執行機関の多元主義を採用しており，各執行機関がそれぞれ独立して，当該団体を代表する。したがって，長の統轄代表権は，単なる調整権限に過ぎない。

2　普通地方公共団体の長は，法定受託事務の管理及び執行に関して，主務大臣又は都道府県知事の指揮監督をうける。

3　行政委員会は，長から独立した執行機関である。したがって，独立性を確保するため，各機関の組織や定数等に関することは，すべて各委員会が任意に決定できる。

4　普通地方公共団体の長は，当該地方公共団体の区域内の公共的団体等の活動の総合調整を図るため，これを指揮監督できる。

5　普通地方公共団体の長の権限は，専属的なものであり，その一部を他の執行機関に委任又は補助執行させることはできない。

正解チェック欄	1回目	2回目	3回目		A

地方自治法

```
                          ┌─組織定数（自治法180の4）
   （自治法147）          ┌─総合調整権──予算執行（自治法221①）
                    ┌─統  │（自治法138の3）└─公有財産（自治法238の2）
                    │ 轄  ├─公共的団体に対する指揮監督権（自治法157）
  長の権限─────┤ 代  ├─事務の管理執行権（自治法148）
                    │ 表  ├─個別的権限（概括列挙／自治法149）
                    │ 権  ├─規則制定権（自治法15①）
                    └     └─組  織  権（職員(自治法154)／組織(自治法
                                         155, 156, 158)）
```

※権限の帰属が明らかでない場合→長に属する（推定／自治法149Ⅸ）。
※他にも法令上多くの権限がある。

1　誤り。普通地方公共団体の長は，当該団体を統轄し代表する（自治法147）。長の統轄代表権は，当該団体の事務全般にわたる総合的な統一性を確保する権限である。

2　誤り。平成11年の機関委任事務の廃止により，長に対する包括的，一般的な指揮監督権はなくなった。

3　誤り。行政委員会はその権限の行使に関しては独立性を有するが，組織・定数等については，長に調整権がある（自治法180の4）。

4　正しい（自治法157）。

5　誤り。長が自己の補助機関にその権限に属する事務の一部を委任又は補助執行させることができるのは当然として，他の執行機関に対しても，相手方と協議のうえ委任等が可能である（自治法153，180の2）。

正解	4

Q 34 長の職務の代理

★★

地方自治法に規定する普通地方公共団体の長に事故があるとき又は長が欠けたときの職務の代理に関する次の記述のうち，妥当なのは次のどれか。

1 長に事故があるときは，副知事又は副市町村長が職務代理者となるが，副知事又は副市町村長が複数いる場合には，その年齢の多少による順位に従い職務代理者となる。

2 長が必要と判断したときは，副知事又は副市町村長以外の職員をあらかじめ職務代理者として指定することができる。この場合は，指定を受けた職員が，副知事等に優先して代理者となる。

3 職務代理者は，長のすべての権限を代理し，議会の解散等についても行い得ると考えられている。

4 長及び副知事又は副市町村長に同時に事故があるときは，会計管理者が職務代理者となる。

5 長，副知事又は副市町村長若しくは長が指定する職員に事故があるときは，規則で定める上席の職員が，組織条例において規定する局部及び分課の順に従い職務代理者となる。

正解チェック欄	1回目	2回目	3回目	A

〔長の職務代理の順位〕

(1) 副知事又は副市町村長 　① 長の定めた順序 　② 席次の上下 　③ 年齢の多少 　④ くじ	法定代理	自治法152①	順序に関する規則 席次とは給料，在職年数等をいう。
(2) 長の指定した職員	法定代理	自治法152②	規則で総務局長，総務部長等を指定する。
(3) 規則で定める上席の職員	法定代理	自治法152③	組織条例の行政順に，局長，部長等が代理となる。

　なお，(1)から(3)までのすべてがいないときは，総務大臣又は都道府県知事が，長の被選挙権を有する者で，当該団体の区域に住所を有する者の中から「臨時代理者」を選任して，長の職務を行わせることができる（自治法252の17の8①）。

1　誤り。長が順位を定めず，席次の上下も明らかでない場合に，初めて年齢によることとなる。

2　誤り。長の指定した職員が職務代理者となるのは，副知事，副市町村長に事故があったときである（自治法152②）。

3　誤り。職務代理者は，原則として長の権限を代理するが，議会の解散，助役（現・副市町村長）の選任等はことの性質上できないと解される（行実昭30.9.2）。

4　誤り。そのような規定はない（自治法152②）。

5　正しい。上席の職員とは，局長，部長，課長の順。局長間の順位は，行政順による。

正解	5

Q 35 補助機関

★★★

地方自治法に規定する普通地方公共団体の副知事，副市町村長又は会計管理者に関する記述として，妥当なのは次のどれか。

1 普通地方公共団体の副市町村長を条例で置かないことはできるが，副知事を置かないことはできず，副知事又は副市町村長を置く場合，その定数はいずれも条例で定めなければならない。

2 普通地方公共団体の長の職務を代理する副市町村長は，退職しようとするときは，その退職しようとする日前20日までに，当該普通地方公共団体の議会の議長に申し出なければならないが，議会の承認を得たときは，その期日前に退職することができる。

3 普通地方公共団体の副知事又は副市町村長は，検察官，警察官又は普通地方公共団体における公安委員会の委員と兼ねることはできないが，収税官吏と兼ねることはできる。

4 会計管理者は，普通地方公共団体の会計事務をつかさどるが，副知事及び副市町村長と同様に条例で置かないこともできる。

5 会計管理者は，一般職の職員であるため，監査委員と親子，夫婦又は兄弟姉妹の関係にある者も会計管理者となることができる。

| 正解チェック欄 | 1回目 | 2回目 | 3回目 | Ⓐ |

副知事，副市町村長と会計管理者の違いは，次の通り。

	副知事，副市町村長	会計管理者
定数	条例で定める（原則必置だが，条例で置かないことも可能）	1人必置
選任	長が，議会の同意を得て選任	長が，補助機関の職員から任命
身分	特別職，任期4年	一般職，任期なし

地方自治法

1　誤り。副知事，副市町村長のどちらも条例で置かないこともできる（自治法161①）。定数は条例で定める（自治法161②）。

2　正しい（自治法165①）

3　誤り。副知事又は副市町村長は，検察官，警察官又は公安委員会の委員のほか，収税官吏と兼ねることもできない（自治法166①）。なお，当該普通地方公共団体の議会の議員，常勤の職員及び短時間勤務職員と兼ねることもできない（自治法166条②，141条②）。

4　誤り。会計管理者は，1人必ず置く（自治法168①）。

5　誤り。監査委員と親子，夫婦又は兄弟姉妹の関係にある者は，会計管理者となることができない（自治法169①）。

| 正解　2 |

Q 36 議会と長との関係（再議制度）

★★★

地方自治法に規定する普通地方公共団体の長と議会との関係に関する記述として，妥当なのは次のどれか。

1 普通地方公共団体の議会の議決について異議があるときは，当該普通地方公共団体の長は，これを再議に付すことができ，否決された議決についても再議に付すことができる。

2 普通地方公共団体の議会の議決が再議に付された議決と同じ議決であるときは，その議決は確定するが，この場合，予算に関する議決に限り，出席議員の3分の2以上の者の同意がなければならない。

3 普通地方公共団体の議会の議決が法令に違反すると認めるときは，当該普通地方公共団体の長は，理由を示してこれを再議に付さなければならず，なお議会の議決が法令に違反すると認めるときは，市町村長にあっては，当該議決があった日から21日以内に都道府県知事に審査を申し立てることができる。

4 普通地方公共団体の議会において，非常の災害による応急又は復旧の施設のために必要な経費を削除する議決をしたときは，その経費及びこれに伴う収入について，当該普通地方公共団体の長は，理由を示すことなくこれを再議に付すことができる。

5 普通地方公共団体の議会が，法令により負担する経費を減額する議決をした場合において，当該普通地方公共団体の長が再議に付しても，議会の議決がなおその経費を減額したときは，長は，その議決を不信任の議決とみなすことができる。

正解チェック欄	1回目	2回目	3回目	**A**

地方自治法

　議会審議では，同一会期内に再度同じ議題を審議できないという一事不再議の原則があるが，再議制度は，その例外である。再議には，任意的再議と義務的再議の2種類がある。義務的再議は次の3項目があり，扱いが異なる。

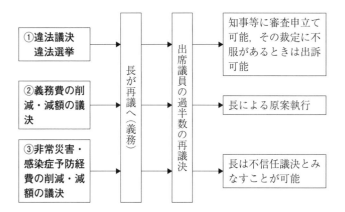

1　誤り。議決について異議があるときは，長は，これを再議に付すことができる（自治法176①）。しかし，否決された議決については，効力又は執行上の問題は生じないので，再議の対象にならない（行実昭26.10.12）。

2　誤り。予算に限らず，条例の制定又は改廃に関する議決も出席議員の3分の2以上の者の同意が必要である（自治法176③）。

3　正しい（自治法176④，⑤）。

4　誤り。非常の災害による応急又は復旧の施設のために必要な経費を削除する議決をしたときは，長は，理由を示して再議に付さなければならない（自治法177①Ⅱ）。

5　誤り。長は，再議決に従わず，原案として提出した経費・収入を予算に計上して執行できる（自治法177②）。

正解　3

Q 37 議会と長との関係（不信任議決，専決処分）

★★★

地方自治法に規定する普通地方公共団体の長と議会との関係に関する記述として，妥当なのは次のどれか。

1 普通地方公共団体の議会において，当該普通地方公共団体の長の不信任議決をした場合に，長が議長から不信任議決の通知を受けた日から10日以内に議会を解散しないときは，長は議長からその旨の通知を受けた日においてその職を失う。

2 普通地方公共団体の議会において当該普通地方公共団体の長の不信任議決をし，当該普通地方公共団体の長が議会を解散した場合において，その解散後初めて招集された議会において再び不信任の議決をするためには，議員数の3分の2以上が出席し，その4分の3以上の者の同意がなければならない。

3 普通地方公共団体の議会の議決が，収入又は支出に関し執行できないものがあると認めるときは，当該普通地方公共団体の長は，その議決を修正の上，専決処分をすることができる。

4 普通地方公共団体の議会の権限に属する事項を当該普通地方公共団体の長の専決処分の対象として指定したときは，当該事項は議会の権限を離れて，長の権限となるが，適法に指定が行われた後に，指定された事項について議会が議決した場合は，議会の議決が優先する。

5 普通地方公共団体の議会において議決すべき事件を議決しないときは，当該普通地方公共団体の長は，その議決すべき事件を処分できるが，副知事又は副市町村長の選任の同意については，処分できない。

正解チェック欄	1回目		2回目		3回目		**A**

地方自治法

不信任議決は2種類ある。

最初の不信任議決	→在籍議員の2/3以上が出席し，その3/4以上の同意
再度の不信任議決	→在籍議員の2/3以上が出席し，その過半数の同意

専決処分も2種類ある。

法律の規定による専決処分 （法定代理的専決処分）	→長は議会へ報告，議会の承認が必要
議会の委任による専決処分 （任意代理的専決処分）	→長は議会へ報告，議会の承認は不要

1　誤り。長は，議長からその旨の通知を受けた日から10日間が経過した日に職を失う（自治法178②）。

2　誤り。解散後初めて招集された議会において再び不信任の議決をするためには，議員数の3分の2以上が出席し，その過半数の者の同意が必要である（自治法178③）。

3　誤り。長は，理由を示して再議に付すことができる（自治法177①，④）。

4　誤り。議会の委任による専決処分（任意代理的専決処分）については，指定した事項は議会の権限を離れて，長の権限となる。しかし，既に議会で指定した事項について，長が議会の議決に再び付すことはできない（自治法180①，行実昭37.7.4）。

5　正しい。議会において議決すべき事件を議決しないときは，当該普通地方公共団体の長は，その議決すべき事件を処分できる（自治法179①本文）。しかし，副知事又は副市町村長の選任の同意については，処分できない（自治法179①但書）。鹿児島県阿久根市長は，平成22年の定例会を招集せず，また，議長からの臨時会招集にも応じず，副市長選任を専決処分した。このような横暴な専決処分を防ぐため，平成24年に，副知事（副市町村長）の選任の同意を専決処分で行うことを否定する法改正が行われた。

正解　5

Q 38 行政委員会

★

　地方自治法に規定する委員会及び委員に関する記述として，妥当なのは次のどれか。

1　普通地方公共団体の長及び行政委員会は，その権限に属する事務の一部を，協議のうえ原則として相互にそれぞれの補助機関に委任し又は補助執行させることができる。

2　行政委員会の独立性を確保するため，長は，行政委員会の組織，定数及び職員の身分取扱いについて，一切関与することはできないとされている。

3　執行機関として法律の定めるところにより普通地方公共団体に置かなければならない委員会及び委員は，教育委員会，選挙管理委員会及び監査委員であり，都道府県には，このほかに執行機関として農業委員会及び固定資産評価審査委員会を置かなければならない。

4　行政委員会は，予算の調製及び執行の権限，決算を議会の認定に付する権限及び議会に議案を提出する権限は有しないが，条例に基づき，分担金若しくは加入金の徴収又は過料を科することができる。

5　行政委員会の委員は，原則として常勤であるが，長とは独立してその権限を行使するという性質上，長及び議員のような兼業，兼職を禁止する規定はない。

地方自治法

　行政委員会制度は，行政の民主化の観点から，①政治的中立性，②専門技術性，③民意反映・利害調整の要請に応えるものとして導入された。長とは独立して職務を執行し準立法的機能（規則制定権）や準司法的機能を併せて有することが特色である。

1　正しい。協議のうえ，相互に事務の委任及び補助執行ができる（自治法180の2，180の7）。たとえば，長の権限である契約締結権，収支命令権の委任や配当予算の執行権等の補助執行がある。

　　なお，公安委員会については，その事務を長の補助機関に委任等ができない（自治法180の7，自治令133の2）。

2　誤り。長は，組織運営の合理化や均衡を図るために，行政委員会の組織等に関する勧告権を有する。また，行政委員会が当該事項に関する規程の改正につき長に協議を要する場合がある（組織等に関する長の総合調整権／自治法180の4）。

3　誤り。普通地方公共団体に置かなければならない委員会には，問題文にあるもののほか，人事委員会又は公平委員会がある（自治法180の5①Ⅲ）。また，農業委員会及び固定資産評価審査委員会を置かなければならないのは，市町村である（自治法180の5③）。

4　誤り。行政委員会は，①予算の調製・執行，②議案提出，③地方税の賦課徴収，分担金・加入金の徴収，過料を科すること，④決算を議会の認定に付することに係る権限をもたない（自治法180の6）。

5　誤り。行政委員会の委員は，原則として非常勤である（自治法180の5⑤）。また，その職務に関して，兼業禁止等の規定がある（自治法180の5⑥）。

正解　1

Q 39 監査制度

★★★

　地方自治法に規定する普通地方公共団体の監査委員に関する記述として，妥当なのは次のどれか。

1　普通地方公共団体の長は，監査委員に職務上の義務違反その他監査委員たるに適しない非行があると認めるときに限り，当該監査委員の意に反して，これを罷免することができる。

2　監査委員は，その定数が3人以上の場合にあっては，議員のうちから選任される監査委員の1人を，2人の場合にあっては議員のうちから選任される監査委員を代表監査委員としなければならない。

3　監査委員は，監査のために必要があると認めるときは，関係人の出頭を求め，又は関係人に対し帳簿，書類その他の記録の提出を求めることができるが，関係人がこの求めに応じないときは，これを強制することはできない。

4　監査委員は，監査の結果に基づいて必要があると認めるときは，当該普通地方公共団体の組織及び運営の合理化に資するため，意見を提出することができるが，提出する意見の範囲は監査の対象内に限られる。

5　監査委員は，普通地方公共団体の財務に関する事務の執行を監査するので，当該普通地方公共団体の会計管理者と親子，夫婦又は兄弟姉妹の関係が生じたときは，職を失う。

正解チェック欄	1回目	2回目	3回目	**A**

地方自治法

　監査委員は，長が議会の同意を得て，普通地方公共団体の財務管理等に優れた**ア識見を有する者**と**イ議員**のうちから選任される。ただし，条例で議員のうちから監査委員を選任しないことができる（自治法196①）。

	定数*	うち議員数	常勤とするか（196④，⑤）
都道府県・政令で定める市	4人	2人又は1人	識見を有する者の1人以上は常勤とする義務あり
その他の市町村	2人	1人	識見を有する者を常勤とすることが可能

＊定数は，条例で増加可能（識見委員のみ）（自治法195②）

　なお，近年の改正で監査基準の策定（自治法198の4，令和2年4月1日施行），監査専門委員の創設（自治法200の2，平成30年4月1日施行）など監査制度が充実強化された。

1　誤り。問題文の掲げること以外に，監査委員が心身の故障のため職務の遂行に堪えないと認めるときにも罷免できる（自治法197の2①）。

2　誤り。代表監査委員は，識見を有する者から選任する必要がある（自治法199の3①）。

3　正しい（自治法199⑧）。100条調査権の場合は罰則により強制できるが（自治法100③），監査委員の場合は強制できない。

4　誤り。監査委員は意見を提出することができ（自治法199⑩），提出する意見の範囲は，必ずしも監査対象内に限られるべきものではない（行実昭27.8）。

5　誤り。監査委員は職を失わない。職を失うのは，会計管理者である（法169②）。

正解	3

Q 40 外部監査制度

★★

　地方自治法に規定する外部監査契約に基づく監査に関する記述として，妥当なのは次のどれか。

1　外部監査制度は，普通地方公共団体における，官官接待，カラ出張等の予算の不正執行を国が監視するために導入された。

2　外部監査制度とは，普通地方公共団体の長が議会の同意を得て任命した外部監査人が，監査を行う制度である。

3　外部監査人は，監査の公正な実施を期するため，弁護士，公認会計士又は税理士に限られる。

4　外部監査制度は，都道府県，指定都市及び中核市については，当然に導入されるが，その他の市及び町村については，長と監査委員が協議をして，必要があれば導入できる。

5　外部監査人は，監査の事務に関しては，刑法その他の罰則の適用については，法令により公務に従事する職員とみなされる。

| 正解チェック欄 | 1回目 | | 2回目 | | 3回目 | | **A** |

外部監査制度は，地方公共団体が，地方分権を担うにふさわしいものとなるため，自主的なチェック機能を高める目的で平成9年の法改正で導入された。

外部監査 ┬ 包括外部監査（毎会計年度，外部監査人のイニシアティブによる監査を受ける）

└ 個別外部監査（長，議会，住民からの要求等に基づき，当該要求等に係る事項につき監査を受ける）

1　誤り。外部監査制度は，普通地方公共団体の自主チェック機能を高めるものである。国の監視制度とは無関係である。

2　誤り。普通地方公共団体と外部監査を行う者（外部監査人）との関係は，監査を受けること及び監査結果に関する報告の提出を受けることを内容とする契約関係である（自治法252の27②，③）。

3　誤り。外部監査人となり得る者は，普通地方公共団体の財務管理，経営管理その他行政運営に優れた識見を有する者で①弁護士，②公認会計士，③国又は普通地方公共団体の会計検査，監査等に従事した者で監査実務に精通しているものとして政令で定める者，④税理士（一定の条件付き）である（自治法252の28。なお①，②，④は，弁護士等になる資格を有する者を含む）。

4　誤り。包括外部監査は，都道府県，指定都市及び中核市については義務的であるが，その他の市町村では，条例で包括外部監査を受けると定めた場合に限られる（自治法252の36，自治令174の49の26）。一方，個別外部監査は，普通地方公共団体において，条例により導入することができる。

5　正しい。外部監査人は，その職務に関しては「みなし公務員」とされるので，収賄罪等の対象となる。なお，自治法上も守秘義務があり，知り得た秘密を外部に漏らすと罰則の適用を受ける（自治法252の31③，④，⑤）。

正解　5

Q 41 予算・決算

★★★

地方自治法に規定する普通地方公共団体の予算及び決算に関する次の記述として，妥当なのは次のどれか。

1 一会計年度における一切の収入及び支出は，すべて歳入歳出予算に編入しなければならないが，これを予算単一主義の原則という。

2 一会計年度の経費は，当該年度の歳入をもって充てるべきことを会計年度独立の原則というが，この原則には，一切例外が認められない。

3 普通地方公共団体の予算とは，歳入歳出予算のことをいう。歳入予算は，歳出の裏付けとなる財源の見積りに過ぎないが，歳出予算は，その金額と目的の範囲内で長に支出の権限を付与する重要なものである。

4 会計管理者は，毎会計年度，各会計毎に決算を調製し，出納閉鎖後3ヵ月以内に，歳入歳出決算事項別明細書，実質収支に関する調書及び財産に関する調書と併せて長に提出する義務がある。

5 長は，決算を議会の認定に付さなければならないが，議会において，予算の執行に違法又は不当なものがあると認めるときは，決算を無効とすることができる。

| 正解チェック欄 | 1回目 | | 2回目 | | 3回目 | | **A** |

予算の原則，種類及び内容を整理すると次のようになる。

〔予算の原則〕

① 予算事前議決の原則（自治法211）

② 予算公開の原則（自治法219）

③ 総計予算主義の原則（自治法210）―例外　弾力条項

④ 予算単一主義の原則―例外　特別会計／補正予算

⑤ 会計年度独立の原則（自治法208②）―例外　継続費／繰越明許費／事故繰越し／過年度収入・支出／歳計剰余金の繰越し／翌年度歳入の繰上充用

〔予算の種類〕

① 当初予算と補正予算　　② 本予算と暫定予算

③ 本格予算と骨格予算　　④ 一般会計予算と特別会計予算

⑤ 総計予算と純計予算

〔予算の内容〕（自治法215）

① 歳入歳出予算（自治法210）　② 継続費（自治法212）

③ 繰越明許費（自治法213）　④ 債務負担行為（自治法214）

⑤ 地方債（自治法230）　　⑥ 一時借入金（自治法235の３）

⑦ 歳出予算の各項の経費の金額の流用（自治法220②）

1　誤り。総計予算主義の原則の説明である。

2　誤り。上記〔予算の原則〕⑤参照。

3　誤り。上記〔予算の内容〕参照。

4　正しい（自治法233①，自治令166②）。

5　誤り。議会における決算の不認定は，決算の効力を否定するものではなく，長の道義責任，政治責任は別として，法的には影響がない（行実昭31.2.1）。

正解　4

Q 42 継続費，繰越明許費，債務負担行為，予備費

★★

地方自治法に規定する継続費，繰越明許費，債務負担行為又は予備費に関する記述として，妥当なのは次のどれか。

1 継続費の毎会計年度の年割額に係る歳出予算の経費の金額のうち，その年度内に支出を終わらなかったものは，当該継続費の継続年度の終わりまで逓次繰り越して使用することができる。

2 継続費とは，歳出予算の経費のうち，その性質上又は予算成立後の事由に基づき年度内にその支出を終わらない見込みのあるものは，予算の定めるところにより，翌年度以降にわたって使用することができる経費をいう。

3 普通地方公共団体が債務を負担する行為をするには，歳出予算の金額，継続費の総額又は繰越明許費の金額の範囲内におけるものを除くほか，予算で債務負担行為として定めておく必要はない。

4 繰越明許費とは，普通地方公共団体の経費をもって支弁する事件で数年度を要するものについて，予算の定めるところにより，その経費の総額を定め，数年度にわたって支出することができる経費をいう。

5 繰越明許費は，予算外の支出又は予算超過の支出に充てるため，歳入歳出予算に計上しなければならないが，特別会計にあっては，当該予算に計上しないことができる。

| 正解チェック欄 | 1回目 | 2回目 | 3回目 | **A** |

地方自治法

　普通地方公共団体の会計年度は，毎年4月1日に始まり，翌年3月31日に終わる（自治法208①）。各会計年度における歳出は，その年度の歳入をもってこれに充てなければならない（自治法208②）これを**会計年度独立の原則**という。しかし，この原則を貫徹するあまり適切な財政運営に支障が生じると困るので，次の例外措置等が設けられている。

継続費 （自治法212）	事業の履行に数年度を要するもの。予算に，その経費の総額を定め，数年度にわたり支出可能
繰越明許費 （自治法213）	歳出予算の経費のうち，その性質上又は予算成立後の事由により年度内にその支出を終わらない見込みのあるもの。予算で定めて，翌年度に繰り越して使用可能
事故繰越し （自治法220③但書）	年度内に支出負担行為をし，避けがたい事故のために年度内に支出を終わらなかった経費。翌年度に使用可能。あらかじめ予算に定める必要なし

1　正しい（自治法212，自治令145①）。
2　誤り。問題文は，繰越明許費の説明となっている（自治法213①）。
3　誤り。予算で債務負担行為として定めておく必要がある（自治法214）。たとえば，複数年度で公共施設の建設を行う場合に，初年度に請負契約を締結し，翌年度以降に支払う債務負担額を予算に明記する。次年度以降の支出については，その年度毎に歳出予算に計上する必要がある。
4　誤り。問題文は，継続費の説明となっている（自治法212①）。
5　誤り。問題文は，予備費の説明となっている（自治法217①）。

| 正解　1 |

Q 43 契 約

★★

地方自治法に規定する契約に関する次の記述として，妥当なのは次のどれか。

1 一般競争入札とは，契約に関する公告をし，一定の資格を有する特定多数の者をして，入札により競争させ，最も有利な条件を提示した者との間で契約を締結する方式をいう。

2 指名競争入札とは，任意に選択した特定多数の競争参加者をして，入札により競争させ，最も有利な条件を提示した者との間で契約を締結する方式をいう。

3 地方公共団体の契約は指名競争入札が原則であり，一方随意契約は，災害応急対策用の物資購入等緊急の必要により入札できない場合と地方自治法施行令別表第五に掲げるものに限られる。

4 地方公共団体は，契約の適正な履行を確保するため又はその受ける給付の完了を確認するため，必要な監督又は検査をすることができる。

5 地方公共団体が契約につき契約書を作成する場合は，長及び契約の相手方が契約書に記名押印しなければ，当該契約は確定しない。

正解チェック欄	1回目		2回目		3回目		Ⓐ

地方自治法

〔契約締結方式〕

① 一般競争入札　→　**原則**　→　自治法234条1項，2項
② 指名競争入札┐　　　　　→　自治令167条の場合に限る。
③ 随意契約　　├　例外　→　自治令167条の2の場合に限る。
④ せり売り　　┘　　　　　→　自治令167条の3の場合に限る。

　なお，④の「せり売り」とは，動産の売り払いで，当該契約の性質がせり売りに適する場合に限るもので，多数の者をして，口頭，挙手等により最も有利な価格を申し出た者と契約する方式である。

1　誤り。一般競争入札は，一定の資格を有する「不特定多数」の者を対象とする。公開，公正という利点と，手続きに手間がかかる，問題業者の参加を阻止できない等の欠点がある。

2　誤り。指名競争入札は，資力信用その他客観的な資格要件を満たす者のうちから選択した特定多数の者により入札を行う。通常資格要件を満たす業者をあらかじめ登録し，その中から指名業者を選定する。指名競争入札が事実上，原則化している点が問題である。

3　誤り。原則は，一般競争入札である。また，随意契約の範囲は自治令167条の2・1項各号による。随意契約は任意の相手方と契約できる点で簡便であるが契約の適正確保の視点から制限される。

4　誤り。契約の適正履行や給付の確認をするため，監督又は検査をしなければならない（自治法234の2①）。監督は，立会い，指示その他の方法により，検査は，契約書，仕様書及び設計書その他の関係書類に基づいて行うこととされている（自治令167の15①，②）。

5　正しい。契約は，申込みと承諾の意思表示の合致により成立するが，地方公共団体については，確実性を重視して要式契約としたものである。

正解　5

Q 44 使用料及び手数料

★★

地方自治法に規定する使用料及び手数料に関する記述として，妥当なのは次のどれか。

1 普通地方公共団体は，当該団体の事務で特定の者のためにするものにつき，規則で定めるところにより手数料を徴収できる。

2 普通地方公共団体の使用料は，当該団体の公の施設の利用に関して徴収する場合に限られる。

3 使用料又は手数料の徴収については，条例の定めるところにより，証紙による収入の方法によることができる。

4 使用料又は手数料の納付について，督促を受けた者が指定の期限までに納付しないときは，地方公共団体の長は，地方税の滞納処分の例により処分することができる。

5 詐欺その他不正の行為により使用料の徴収を免れた者については，規則で，その免れた金額の5倍に相当する金額以下の科料を科する規定を設けることができる。

正解チェック欄	1回目		2回目		3回目		**A**

「使用料」は，行政財産の許可使用又は公の施設の使用に対する対価たる反対給付として徴収されるものである。

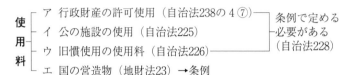

使用料
ア　行政財産の許可使用（自治法238の4⑦）
イ　公の施設の使用（自治法225）
ウ　旧慣使用の使用料（自治法226）
エ　国の営造物（地財法23）→条例

条例で定める必要がある（自治法228）

「手数料」は，地方公共団体が，特定の者に対して提供する役務の対価として徴収されるものである。なお，手数料について全国的に統一して定めることが特に必要な事務については，政令の定めを標準として条例で定める（標準事務／自治法228①）。

1　誤り。当該団体の事務で特定の者のためにするものについては条例で手数料を徴収できる（自治法227，228）。

2　誤り。公の施設に限られない（上図参照）。

3　正しい（自治法231の2）。

4　誤り。使用料又は手数料を納付期限までに納付しない者に対して長は，期限を指定して督促しなければならない。この督促後，なお，納入されない場合は，法律で定める使用料（港湾法，土地改良法，下水道法及び漁港漁場整備法に規定するもの（自治法附則6Ⅰ～Ⅳ）及び国民健康保険料等個別法で定めるもの）に限り，地方税の滞納処分の例により処分ができる（自治法231の3①，③）。

5　誤り。詐欺等の不正行為により，使用料等の徴収を免れた者には，条例で，免れた額の5倍に相当する金額以下（5万円が下限）の過料を科することができる（自治法228③）。「科料」は刑罰であり，行政上の秩序罰である「過料」と混同しないよう注意を要する（第23問肢5の解説参照）。

正解	3

Q 45 地方公共団体の財産

★★

　地方自治法に規定する普通地方公共団体の財産に関する記述として，妥当なのは次のどれか。

1　普通地方公共団体の長は，財産を取得し，管理し，及び処分する権限を有する。したがって，財産の譲渡や貸付けは，専ら，長の判断に基づいて決定される。

2　普通地方公共団体の財産とは，公有財産，物品，債権及び基金をいう。

3　公有財産は，行政財産及び普通財産に分けられるが，行政財産は，直接，住民の利用に供される不動産等をいう。

4　行政財産は，その用途又は目的を妨げない限度において，その使用を許可することができるが，貸付けについては一切することができない。

5　普通地方公共団体の財産としての債権は，金銭の給付を目的とする当該団体の権利をいうが，この債権について，履行期限までに履行されないときは，原則として，滞納処分の例により強制徴収することができる。

| 正解チェック欄 | 1回目 | 2回目 | 3回目 | **A** |

1 誤り。長は，財産の取得，管理，処分の権限を有するほか，公有財産に関する総合調整権をもつ（自治法149Ⅵ，238の2①）。財産の譲渡や貸付けをするには，条例又は議会の議決が必要である（自治法237②）。

2 正しい（自治法237①）。

公有財産 — 不動産，船舶・航空機，無体財産権，有価証券等。

物　品 — 地方公共団体の所有する「動産」をいう（自治法239）。

債　権 — 金銭の給付を目的とする権利をいう（自治法240）。

基　金 — 条例により設置される（a積立基金，b運用基金）。

3 誤り。行政財産は，行政自らが使用する「公用財産」と住民の利用に供される「公共用財産」に分類される（自治法238③，④）。

4 誤り。行政財産は，その用途又は目的を妨げない限度においてその使用を許可することができる。この行政財産の貸付けは，一切禁止ではなく例外的に可能な場合がある。なお，平成18年の法改正で，庁舎等の空き床まで貸付けが可能となった（自治法238の4）。

5 誤り。自治法上の債権は，金銭債権に限られるので，前段は正しい（自治法240①）。しかし，不履行の場合に，強制徴収できるのは，自治法231条の3・3項に規定する歳入に係る債権に限られる。したがって通常の金銭債権は，担保権を行使するなり，訴訟手続を踏むなりして履行を請求することになる（自治令171の2）。

正解　2

Q 46 住民監査請求

★★★

　地方自治法に規定する住民監査請求に関する記述として，妥当なのは次のどれか。

1　住民監査請求は，普通地方公共団体の職員が収賄等違法行為を行った場合に，その責任を追及するための監視制度である。

2　住民監査請求は，直接請求の一種として，選挙権を有する者の50分の1以上の連署をもって，監査委員に対して請求する。

3　住民監査請求を行い得る者は，国籍，選挙権の有無を問わず，また，自然人，法人を問わず，法律上の行為能力を有する住民であればよい。

4　住民監査請求は，請求対象となる行為があった日から1年以上経過すると，いかなる場合でも行うことはできない。

5　請求に係る当該行為が違法であると思料するに足りる相当な理由がある場合，監査委員は，当該行為を停止することができる。

| 正解チェック欄 | 1回目 | | 2回目 | | 3回目 | | **A** |

住民が行政活動を監視する制度には，次のものがある。

事務監査請求	50分の1連署	地方公共団体事務
住民監査請求	住民1人可	違法・不当な財務会計上の行為 ① 公金の支出 ② 財産の取得・管理・処分 ③ 契約の締結・履行 ④ 債務その他の義務負担 ⑤ 公金の賦課徴収，財産の管理を怠る事実
住民訴訟	住民1人可	違法な財務会計上の行為

1　誤り。住民監査請求は，納税者が税金の使い道を監視するための制度である（自治法242①）。

2　誤り。住民監査請求は，住民であれば，1人でも請求できる。

3　正しい。監査請求の請求権者は，「住民」である。法律上の行為能力があれば，他に資格要件等はない。

4　誤り。1年以上経過しても正当な理由があれば，請求できる。たとえば，1年後に事実が露見した場合や，大規模災害等による交通途絶などが正当理由に当たろう。

5　誤り。監査委員は，当該行為の停止を勧告することができる（自治法242④）。なお，議会は，住民監査請求があった後に，当該請求に関する損害賠償請求権等の放棄に関する議決（自治法96①X）をしようとするときは，監査委員から意見を聴取する必要がある（自治法242⑩，令和2年4月1日施行）。

| 正解 | 3 |

Q 47 職員の賠償責任

★★★

地方自治法に規定する職員の賠償責任に関する記述として，妥当なのは次のどれか。

1 物品を使用している職員は，過失により当該物品を亡失したときは，これによって生じた損害を賠償しなければならない。

2 支出負担行為をする権限を有する職員が，故意又は重過失により地方公共団体に損害を与えたときは，当該損害を賠償しなければならない。

3 長は，法の定める職員の行為により，損害が発生したと認めるときは，その事実の有無を調査し，事実関係が確定したとき，賠償責任の有無及び賠償額を決定する。

4 長は，損害の発生が，避けることのできない事故その他やむを得ない事情によるとの証明が相当と認めたときは，監査委員の同意を得て免責することができる。

5 職員に対して長が賠償命令を行った場合であっても，当該職員の賠償命令については，賠償責任に関する民法の規定を適用することができる。

| 正解チェック欄 | 1回目 | | 2回目 | | 3回目 | | |

　地方自治法で賠償責任が規定されているのは，2種類の職員（会計職員と予算執行職員）である。それぞれ，責任と行為が異なり，民法の規定は適用しない（自治法243の2の8⑭）。

対象者	責任	行為
会計職員等 ①　会計管理者，その補助職員 ②　資金前渡を受けた職員 ③　占有動産を保管している職員 ④　物品を使用している職員	故意又は重過失（現金は故意又は過失）により	「現金，有価証券，物品，占有動産，使用に係る物品」を亡失又は損傷したとき
予算執行職員等（次の権限を有する職員及び事務を直接補助する職員のうち，規則で指定した者） ①　支出負担行為 ②　支出命令・支出命令の確認 ③　支出又は支払 ④　履行確保のための監督・検査	故意又は重過失により法令の規定に違反して	当該行為又はそれを怠ったことにより普通地方公共団体に損害を与えたとき

1　誤り。物品の忘失については，故意又は<u>重過失</u>が責任要件である（自治法243の2の8①）。

2　正しい（自治法243の2の8①後段）。

3　誤り。事実の有無，賠償責任の有無及び賠償額は，監査委員が監査し，合議により決定する。長は，この決定に基づき期限を定めて賠償を命じる（自治法243の2の8③，⑨）。

4　誤り。免責には，監査委員の意見を聴いたうえ，議会の同意を得ることを要する（自治法243の2の8⑧）。

5　誤り。民法の規定は適用しない（自治法243の2の8⑭）。

正解　2

Q 48 公の施設

★★★

　地方自治法に規定する公の施設の管理に関する記述として，妥当なのは次のどれか。

1　公の施設の設置目的を効果的に達成するため必要があると認めるときは，条例の定めるところにより，その管理を公共団体又は公共的団体に限り行わせることができる。

2　普通地方公共団体は，条例で定める重要な公の施設のうち条例で定める特に重要なものを廃止しようとするときは，議会において出席議員の3分の2以上の者の同意を得なければならない。

3　公の施設の設置及び管理に関する事項は，すべて条例で定めることとされている。

4　公の施設の利用料金は，使用料として条例で定め，地方公共団体の歳入としてすべて徴収される。

5　使用料の強制徴収，過料の賦課，審査請求に対する決定等，公物管理権に基づく管理行為で権力的性格を有するものであっても指定管理者は行うことができる。

| 正解チェック欄 | 1回目 | | 2回目 | | 3回目 | | **A** |

地方自治法

　平成15年の法改正で，「指定管理者制度」が導入された。指定の手続き，管理の基準，業務の範囲などは条例で定められ，個々の施設の指定管理者は，あらかじめ議会の議決を経て，地方公共団体が指定する。指定される団体等に従前のような制限はなく，株式会社等の参入が可能となった。

　この制度は，「管理の委託」ではなく「管理の代行（管理権限の委任）」であって，個々の利用関係の設定行為（利用許可）を指定管理者は行うことができる。

1　誤り。管理を行えるのは，法人その他の団体であって当該普通地方公共団体が指定するもの（指定管理者）である（自治法244の2③）。

2　正しい（自治法244の2②）。

3　誤り。法令に特別な定めがあるものを除き，条例による（自治法244の2①）。特別の定めには，都市公園法（都市公園），下水道法（公共下水道）等がある。

4　誤り。使用料以外に，指定管理者がその収入として，利用料金を収受することができる制度がある。この場合は，条例であらかじめ，利用料金の金額の範囲，算定方法等を定める必要がある（自治法244の2⑧，⑨）。

5　誤り。使用料の強制徴収，不服申立てに対する決定等法令により長のみが行うことができる権限については，指定管理者に行わせることはできない（平15.7.17通知）。

| 正解 | 2 |

Q 49 地方公共団体に対する国等の関与等

★★★

　地方自治法に規定する普通地方公共団体に対する国の関与に関する記述として，妥当なのは次のどれか。

1　普通地方公共団体の事務のうち，自治事務に関しては，地方分権の観点から国の関与は一切認められない。

2　普通地方公共団体の事務のうち，法定受託事務に関しては，当該事務が機関委任事務に代わるものとの観点から国の関与には一切制限がない。

3　普通地方公共団体に対する国の関与は，関与する目的を達成するために必要最小限のものでなければならないが，普通地方公共団体の自主性及び自立性にまで配慮する必要はない。

4　普通地方公共団体は，その事務の処理に関し，法律又はこれに基づく政令によらなければ，普通地方公共団体に対する国又は都道府県の関与を受け，又は要することとされることはない。

5　国等の関与のうち，普通地方公共団体との協議については，地方自治法上，特に制限はない。

地方自治法

国等の関与には，次のものがある（自治法245）。

一　普通地方公共団体に対する次の行為

　　イ　助言又は勧告

　　ロ　資料の提出要求

　　ハ　是正の要求

　　ニ　同　意

　　ホ　許可・認可・承認

　　ヘ　指　示

　　ト　代執行

二　普通地方公共団体との協議

三　一又は二のほか，一定の行政目的を実現するため普通地方公共
　　団体に対して具体的かつ個別的に関わる行為

1　誤り。自治事務に関しても一定の制約のもとに国の関与が認め
　　られている。なお，自治法245条の3を参照のこと。

2　誤り。法定受託事務といえども機関委任事務のように長が国の
　　機関として処理するものではなく，自治事務同様に当該地方公共
　　団体の事務に変わりはない。したがって，国の関与には，一定の
　　制限がある（たとえば，自治法245の3②）。

3　誤り。前段は正しい。国は，自主性や自立性にも配慮しなけれ
　　ばならない（自治法245の3①）。

4　正しい。「関与の法定主義」を定める自治法245条の2の本文ど
　　おり。

5　誤り。国は，原則として「協議」を要することとしてはならな
　　い（自治法245の3③）。

正解　4

Q 50 特別区

★

地方自治法に規定する特別区に関する記述として，妥当なのは次のどれか。

1 都の区は，これを特別区というが，都知事の権限に属する事務を分掌させるために置かれ，政令で指定する人口50万以上の市に設置される区と同様の性質を有する団体である。

2 都は，特別区の存する区域において，都道府県が処理するものとされている事務のほか，市町村が一般的に処理するものとされる事務を包括的に処理する。

3 特別区の議会の議員の定数は，市町村議会と異なり，自治法で上限数が定められている。

4 特別区は，その歴史的な沿革から東京23区に限られており，新たに特別区が設置されることはない。

5 都知事は，特別区に対し，都と特別区及び特別区相互間の調整上，特別区の事務の処理について，その処理基準を示す等必要な助言又は勧告をすることができる。

地方自治法

	1回目	2回目	3回目	
正解チェック欄				Ⓐ

1　誤り。特別区は，都の区域にのみ存在するという点において，「特別地方公共団体」の一種であるが，法人格を有する独立した自治団体であって，指定都市に置かれる行政区とは異なるものである（自治法281，281の2，283）。

2　誤り。都と特別区の事務分担は，次の通りである。

〔都の事務〕

①　特別区を包括する広域の地方公共団体として，自治法2条5項において都道府県が処理するものとされる事務

②　特別区に関する連絡調整に関する事務

③　自治法2条3項において，市町村が処理するものとされる事務のうち，人口が高度に集中する大都市地域における行政の一体性及び統一性の確保の観点から特別区の置かれる区域を通じて都が一体的に処理することが必要と認められる事務

〔区の事務〕

自治法2条3項において，市町村が処理するものとされる事務（都の事務③に該当するものを除く）。

なお，市に関する法令上の規定は，原則として特別区に適用される（自治法283，281②）。

3　誤り。市町村の議会の議員定数は，平成23年の法改正で人口段階別の上限数に係る制限が撤廃され，条例で定めることになった（自治法91①）。特別区も同様である（自治法283①）。

4　誤り。特別区は，都内の市町村の区域の全部又は一部により新たに設置することができる（自治法281の4⑧）。なお，「大都市地域における特別区の設置に関する法律（平24法80）」により東京都以外の道府県で特別区の設置が可能となった。特別区を包括する道府県は，都とみなされる（同法10）。

5　正しい（自治法281の6）。なお，都と特別区及び特別区相互間の調整のための制度として，「特別区財政調整交付金（自治法282）」及び「都区協議会（自治法282の2）」がある。

正解　5

Q 51 地方公務員の種類

★★★

地方公務員の種類に関する記述として妥当なのは次のどれか。

1 　地方公務員の職は，一般職と特別職とに分けられるが，そのいずれにも属さない個人的契約による勤務者を置いて，その勤務に対し給与を支払うことが認められている。

2 　地方公共団体の長，議会の議長その他地方公共団体の機関の長の秘書の職で条例で指定するものは特別職とされ，一般職の職員を引き続き特別職である秘書に任用する場合にはその者が一般職を退職することが必要である。

3 　特別職非常勤職員について，臨時又は非常勤の顧問，参与，調査員及びこれらの者に準ずる者の職は専門的な知識経験又は識見を有する者が就く職としたことから，法令に基づき設置されている職以外の職は一切設置できない。

4 　地方公共団体において単純な労務に雇用される者は，一般職の地方公務員であるから，すべて地方公務員法が適用される。

5 　職員に対して給料が支給されるか，報酬が支給されるかは一般職か特別職かによって決められ，一般職の職員については給料が支給されるが，特別職の職員については報酬が支給される。

| 正解チェック欄 | 1回目 | 2回目 | 3回目 | **A** |

地方公務員の職は，地方公務員法の適用を受ける一般職と法律に特別の定めがある場合を除き原則として適用を受けない特別職に分けられており（地公法3，4），この条に列挙されている特別職の職以外の職をすべて一般職としている。

1　誤り。個人的契約による勤務者は，地方公務員法の適用を受ける職員に当たらない（地公法3）。

2　正しい。一般職の職員を引き続き特別職の秘書に任用する場合には，その者が一般職を退職することが必要である（行実昭26.3.13，地公法3③Ⅳ）。

3　誤り。特別職非常勤職員は，専門的な知識経験等を有する者が就く職であって，非専務的に公務に参画する労働者性の低い勤務形態の職とした。このことから，法令に基づき設置されている職以外の職で地方公共団体が独自に設置する職についても，限定的な取扱いとし，適正な任用・勤務条件の確保という改正法の主旨に沿ったものとなるよう，適切に対応することで，臨時又は非常勤の特別職として任用することはできる（地公法3③Ⅲ）。

4　誤り。一般職の地方公務員のうち，単純な労務に雇用される者その他その職務と責任の特殊性に基づいて，特例を必要とするものについては，地方公務員法57条の規定により特例法が適用される。単純な労務に雇用される者については，地方公営企業労働関係法附則5項で地方公営企業労働関係法の規定が適用される。

5　誤り。非常勤の職員に対しては，報酬を支給しなければならない（自治法203の2①）。常勤の職員に対しては一般職と特別職を問わずに条例で定める給料を支給しなければならない（自治法204①，③）。これらの規定は，職員の勤務形態が常勤であるか，非常勤であるかを基準にして定めているものである。

| 正解 | 2 |

Q 52 人事委員会又は公平委員会

★★

人事委員会及び公平委員会に関する記述のうち妥当なのは次の
どれか。

1 人事委員会は，都道府県及び指定都市については設置が義
務付けられているが，人口15万未満の市町村は条例で人事委
員会又は公平委員会を置くことができる。

2 公平委員会を置く地方公共団体は，規則で定めれば，地方
公務員法8条2項に掲げる事務のほか，職員の競争試験及び
選考に関する事務を行うことができる。

3 人事委員会及び公平委員会には，行政的権限，準立法的権
限及び準司法的権限が与えられている。

4 人事委員会及び公平委員会は，3人の委員をもって組織し
委員は常勤又は非常勤の区別なく地方公務員法の服務に関す
る規定が適用されるため，執行機関の附属機関の委員を兼ね
ることができない。

5 人事委員会は，人事行政に関する技術的及び専門的な知
識，資料その他の便益の授受のため，国又は他の地方公共団
体の機関との間に協定を結ぶことができるが，公平委員会は
当該協定を結ぶことができない。

| 正解チェック欄 | 1回目 | | 2回目 | | 3回目 | | **A** |

地方公共団体が職員の任免，懲戒等の人事行政に係る運営を民主的かつ能率的に行うため，任命権者から独立した専門的機関として地方公共団体の規模に応じ人事委員会又は公平委員会の設置が次表のように義務付けられている（地公法7）。

地方公共団体の規模	委員会の種類
都道府県・指定都市	人事委員会
人口15万以上の市及び特別区	人事委員会又は公平委員会
人口15万未満の市町村及び地方公共団体の組合	公平委員会

1 誤り。前段は正しい。後段の人口15万未満の市町村は公平委員会の設置が義務付けられている。

2 誤り。地方公務員法9条1項により条例で定めるところにより行うことができる。公平委員会の権限の特例として定められた。

3 正しい。人事委員会及び公平委員会は，行政機関であるが不利益処分に対する審査請求の審査（地公法50），勤務条件に関する措置要求の審査（地公法47）など司法に準じた機能を有し，また職員団体の登録（地公法53）などの行政的権限のほか，人事委員会規則や公平委員会規則を制定する準立法的権限（地公法8⑤）が与えられている。

4 誤り。人事委員会の委員は常勤又は非常勤とし，公平委員会の委員は非常勤とする（地公法9の2⑪）。常勤の人事委員会の委員は地方公務員法30～38条の服務規定が適用される。非常勤の人事委員会の委員及び公平委員会の委員は，同法35条（職務専念義務）と38条（営利企業への従事等の制限）の規定は適用されない（地公法9の2⑫）。なお，執行機関の附属機関の委員その他の構成員の職は除かれており（地公法9の2⑨），兼ねることができる。

5 誤り。人事委員会又は公平委員会は，いずれも専門的人事行政機関としての権限を行使するため，国や他の地方公共団体の機関等との間で協定を結ぶことができる（地公法8⑦）。

Q 53 欠格条項

★

欠格条項に関する記述として，妥当なのは次のどれか。

1 　欠格条項に該当する者は，職員となることや競争試験・選考を受けることができず，現に職員である者が欠格条項に該当するに至ったときは，条例に特別の定めがある場合を除き，任命権者による処分を要することなく失職する。

2 　欠格条項に該当する者が誤って採用された場合，採用は無効であり，その者が受けた給料は不当利得として返還しなければならないが，その者の行った行為は事実上の公務員の理論により有効とされる。

3 　民法上の制限能力者のうち，成年被後見人は，法律上の行為能力を完全には認められない場合があるため欠格条項に該当するが被保佐人は，欠格条項に該当しない。

4 　地方公共団体の職員が，禁錮以上の刑に処せられた場合は，直ちにその職を失い，刑の執行を終わり，又はその執行を受けることがなくなった場合でも，再び職員となることはできない。

5 　破産宣告を受けた者は，欠格条項に該当するため，任命権者はその者を免職しなければならないが，破産宣告を受けた後にその者の行った行為は，事実上の公務員の理論により有効である。

| 正解チェック欄 | 1回目 | | 2回目 | | 3回目 | | |

欠格条項とは，職員となり又は競争試験若しくは選考を受けることができない一定の条件のことである（地公法16）。

1　正しい。地方公務員法16条の欠格条項に該当する者は，職員となり又は競争試験若しくは選考を受けることができない。現に職員である者が欠格条項に該当したときは，条例に特別の定めがある場合を除くほか，失職する（地公法28④）。

2　誤り。欠格条項に該当しないことが職員となる絶対的要件であるから，誤って採用された場合は，法律上無効である。しかし，この間の給料は労務の提供があるので，勤務の対価としての部分は返還の必要はないし，その者の行った行為は事実上の公務員の理論により有効である（行実昭41.3.31）。

3　誤り。成年被後見人，被保佐人は公務について適正な判断を期待できないとして欠格条項に含まれていたが，成年被後見人等の権利制限に係る措置の適正化を図るための一括整備法により，この規定は削除された（地公法16）。

4　誤り。地方公務員法28条4項，16条1号に基づく失職の効果は，禁錮（令和7年6月1日より「拘禁刑」）以上の刑に処せられたことにより発生する。しかし，刑の執行を終わり，又はその執行を受けることがなくなった者は，その後職員となることができる。

5　誤り。破産宣告を受けた者は欠格条項に該当しない（地公法16）。事実上の公務員の理論とは，無資格者が公務員に選任されて外観上公務員として行った行為は，理論上は無権限者の行為であるが，行政法秩序の安定を守るため有効なものとして扱っている。

正解　1

地方公務員法

Q 54 職員の任用

★★

一般職の職員の任用に関する記述として，妥当なのは次のどれか。

1 職員の職に欠員を生じた場合，任命権者は正規職員による補充の方法について原則として自由裁量でできる。

2 職員の採用は，現に職員でない者を職員の職に任命することであるから，臨時的に任用されている者を正規の職員の職に任命することは採用に当たらない。

3 人事委員会は，その定める職について採用候補者名簿がなく，かつ，人事行政の運営上必要であると認める場合であっても当該職の採用試験に相当する国の選考に合格した者を，当該職の選考に合格した者とみなすことはできない。

4 職員の職から切り離された職員の身分はありえないと考えられることから，休職中の職員又は停職中の職員も職務は行わないが，職員の職は保有する。

5 任命権者は，法律により定められた業務に期間を限って従事させることが公務の能率的運営を確保するために必要である場合は，条例で定めるところにより一般職の職員を任期を定めて採用することができるが，短時間勤務職員の採用は認められていない。

| 正解チェック欄 | 1回目 | | 2回目 | | 3回目 | | **A** |

地方公務員法

　任用とは，地方公共団体の任命権者が特定の者を特定の職に付けることをいい，正式任用の方法である採用，昇任，降任，転任の定義を明確化した（地公法15の2①）。

1　誤り。正規職員による補充の方法は，原則的に任命権者の自由裁量である（地公法17①）が，人事委員会（競争試験等を行う公平委員会を含む。）を置く地方公共団体においては人事委員会がいずれの任命方法によるべきかについての一般的基準を定めることができることになっている（地公法17②）。また降任は分限処分として行う以外はできないとされている（地公法27②，28①）からすべて任命権者の自由裁量にまかされているわけではない。

2　誤り。採用は，現に職員でない者を職員の職に任命することである。臨時的に任用されている者は正規の職員の職についているわけではないので，この者を正規の職員の職に任命することは，採用に当たると解されている（地公法15の2①Ⅰ，22の3⑤）。

3　誤り。地方公務員法21条の2・3項では，「国又は他の地方公共団体の採用試験又は選考に合格した者を，その職の選考に合格した者とみなすことができる」と規定している。

4　正しい。職員の職と身分は一体のものであって地方公共団体の職員の職につくことが，職員の身分を取得することであり，職から離れることは，その身分を失うことになる。休職中の職員も停職中の職員も職務は行わないが，職員の職は保有するという解釈を示した行政実例（昭36.12.21）がある。

5　誤り。地方公共団体の一般職の任期付職員の採用に関する法律5条1項により短時間勤務職員も採用できる。

正解　4

Q 55 職員の離職

★★★

地方公務員法に規定する職員の離職に関する記述として，妥当なのはどれか。

1 条件付採用期間中の職員及び臨時的に任用された職員が，職務上の義務に違反し，又は職務を怠った場合においては，これに対し懲戒処分としての免職をすることができる。

2 職員が欠格条項に該当するに至った場合は，分限による免職処分を行わなければならず，これにより当該職員は，その職を失う。

3 女性の採用，登用の促進や男女の仕事と子育て等の両立支援について，離職防止の観点から，職員が外国での勤務等により，外国に住所等を定めて配偶者と生活を共にするときは，公務の運営に支障があっても，職員の申請があれば承認することができる。

4 定年による退職は，職員が定年に達した日以後における最初の3月31日までの間において，条例で定める日に免職となる分限処分の一つである。

5 定年による退職は，任期を定めて任用される職員にも適用されるが，非常勤職員に関し，その職務と責任に特殊性があると認められる場合には，定年について条例で別の定めをすることができる。

正解チェック欄	1回目	2回目	3回目	**A**

地方公務員法

職員が，その職を離れることを総称して離職という（国公法77）。具体的な種類としては退職（辞職，定年による退職など），免職（分限免職，懲戒免職），失職（欠格条項）がある。

1 正しい。条件付採用期間中の職員及び臨時的に任用された職員に対しては，分限処分は適用除外となっている（地公法29の2①）が，懲戒処分は行うことができる。公務の効率性を保つために行われる分限処分と異なり懲戒処分は職場の綱紀粛正を目的として行うことによる。

2 誤り。失職とは欠格条項（地公法16）に該当した場合，任命権者の何らの処分もなしに自動的に職を失うことをいう（地公法28④）。

3 誤り。配偶者同行休業制度は，公務での活躍が期待される有為な地方公務員の継続的な勤務を促進するため，離職への対応として，平成25年に成立した（地公法26の6①）。職員が申請した場合において公務の運営に支障がないと認めるときは条例の定めにより，3年を超えない範囲内で承認することができる。

4 誤り。地方公務員法28条の6に規定するように，定年制は職員が一定の年齢に達した場合，公務能率の維持促進を図る目的をもって退職させる制度である。分限処分ではない。

5 誤り。その他の法律により任期を定めて任用される職員及び非常勤職員，臨時的に任用される職員には定年制は適用しない（地公法28の6④）。

正解　1

配偶者同行休業（地公法26の6）

休業の申請及び承認　任命権者は，職員が配偶者同行休業を申請した場合において，公務の運営に支障がないと認めるときは，条例の定めにより，職員の勤務成績その他の事情を考慮した上で，当該休業を承認することができる。

休業の期間　3年を超えない範囲内において条例で定める期間（当該期間の範囲内であれば1回の延長可）。

休業の効果　職を保有するが職務に従事せず，給与は支給しない。

Q 56 定年退職

★★★

地方公務員法に定める職員の定年退職に関する記述として妥当なのはどれか。

1 地方公共団体の職員の定年の年齢は，医師，歯科医師を除いて，段階的に65歳となる。

2 管理監督職の職員は，60歳で一律役職定年となり，引き続き管理監督職として勤務させることはできない。

3 任命権者は，定年に達し退職すべきこととなった職員について，職務の遂行上の事情をふまえその職員の退職により公務の運営に著しい支障が生ずると認められる条例で定める事由があると認めるときは，その職員が本来退職すべき日の翌日から起算して1年を超えない範囲内で期限を定め，引き続き当該職務に勤務させることができる。

4 任命権者は，地方公共団体を定年退職した者については，条例の定めにより3年を超えない範囲内で任期を定め，当該地方公共団体の常勤の職に勤務させることができるが，その任期はさらに1年を超えない範囲内で更新することができる。

5 定年退職者を常時勤務を要する職として採用する再任用制度については段階的に廃止されるが，定年退職者を短時間勤務の職に採用することができる。

| 正解チェック欄 | 1回目 | | 2回目 | | 3回目 | | |

1　誤り。定年退職は，地方公務員法28条の6の規定により職員が定年によって退職すべき日が到来したときは当然に離職することとなる。法では定年による「退職」と規定しているが，その法律的性質は失職である。法は，職員の定年は原則として国の職員の定年を基準として条例で定めることとしている（地公法28条の6・2項）。令和5年4月1日施行の地公法改正で，国家公務員の定年引上げに伴い，地方公務員の定年も60歳から65歳まで2年に1歳ずつ段階的に引き上げられることを踏まえ，段階的に65歳となる。

2　誤り。令和5年4月1日施行の地公法改正では，管理監督職は，上限年齢は条例で定めるとしている。なお，国・他団体との権衡を失しないことを前提にすれば，60歳で役職定年となる（地公法28条の2②，③）が，条例で定めるところにより特例がある。①職務遂行上の特別な事情により公務の運営に著しい支障がある場合と，②職務の特殊性から欠員補充が困難により公務の運営に著しい支障がある場合である（地公法28条の5①）。

3　正しい。令和5年4月1日施行の地公法改正で，28条の7・1項の定年による退職の特例である定年延長は，もっぱら公務上の必要性に基づいて行われるものである。なお，再任用制度は，令和13年まで経過措置として残される。また，定年前再任用短時間勤務職員制度が新設された。さらに，職員が60歳に達する日の前年度に60歳以後の任用，給与，退職手当に関する情報を提供するものとし，60歳以後の勤務の意思確認制度を新設した（地公法附則23，24）。

4　誤り。令和5年4月1日施行の地公法改正で，28条の7・1項の定年による退職の特例は，条例で1年を超えない範囲内で定めることとし，また，1年を超えない範囲内で更新することができる。

　　ただし，当該期限は，当該職員に係る定年退職日の翌日から起算して3年を超えることができない。（地公法28条の7・2項）

5　誤り。地公法改正により導入されるのは，60歳に達した日以後定年前に退職した職員について採用する制度である（地公法22条の4）。

地方公務員法

正解　3

Q 57 条件付採用・臨時的任用

★★★

条件付採用又は臨時的任用に関する記述として，妥当なのは次のどれか。

1 条件付採用期間中の職員は，職務遂行能力の実証を経ていないこと，また臨時的任用職員は，正式採用ではないことから給与，勤務時間その他の勤務条件に関する措置要求を行うことはできない。

2 条件付採用職員も臨時的任用職員もともに正式採用職員ではないので，正式職員が組織する職員団体に加入することはできない。

3 条件付採用職員も臨時的任用職員もともに分限処分に関する法の規定は適用されないが，条例で必要な事項を定めることができる。

4 条件付採用職員も臨時的任用職員もともに自己の受けた懲戒処分等の不利益処分については，処分庁又は人事委員会若しくは公平委員会に対し審査請求をすることができる。

5 条件付採用制度は，地方公共団体の一般職の職員のすべてについて適用される。臨時的任用職員及び会計年度任用職員については，1ヵ月間その職務を良好な成績で遂行しない限り正式任用を行うことはできない。

| 正解チェック欄 | 1回目 | 2回目 | 3回目 | |

地方公務員法

　条件付採用の制度は，競争試験又は選考によって判定された職員の職務遂行能力について成績主義を貫徹するため，適・不適を確認し，不適格者を排除するための制度である（地公法22，22の３）。

　条件付採用職員及び臨時的任用職員の身分取扱いについては次のような特例が定められている（地公法29の２）。

①　地方公務員法の定める分限に関する規定（地公法27②，28①〜③）を適用しないが懲戒処分については適用がある。

②　分限について条例で必要な事項を定めることができる。

③　行政不服審査法を適用しない。

④　地方公務員法の定める不利益処分に関する説明書の交付に関する規定（地公法49①，②）を適用しない。

1・2　誤り。勤務条件に関する措置要求と職員団体への加入については，地方公務員法29条の２の身分取扱い上の特例に当たらない。

3　正しい。条件付採用期間中の職員は，その適格性の有無を検討中の者であり，臨時的任用職員は任用期間が短期であることから法で身分保障することは適当でない。しかし，労働基準法の適用があるから休職等の基準を条例で定めることができるとされている（行実昭28.10.22）。

4　誤り。条件付採用職員及び臨時的任用職員には，懲戒処分の規定の適用はある（地公法29の２①）が，不利益処分に関する審査請求の規定は適用されない。立法論的には問題があるとされている。

5　誤り。正式任用において，条件付採用制度は臨時的任用職員を除く一般職の職員すべてに適用され，任期の定めのない常時勤務を要する職員は６ヵ月，会計年度任用職員は１ヵ月とされている（地公法22①，22の２⑦）。

正解　3

Q 58 会計年度任用職員

★★★

会計年度任用職員又は臨時的任用職員に関する記述として，妥当なのは次のどれか。

1 会計年度任用職員の任用と一般職の非常勤職員を併用して採用することもできる。

2 会計年度任用職員については，パートタイムとフルタイムに区分されている。パートタイムについては，毎年選考採用はあるが，条件付採用の適用はない。

3 会計年度任用職員の任期については，その採用の日から会計年度の末日までの期間の範囲内で任命権者が定めるが，やむを得ないときは，採用又は任期の更新を反復して行うこともできる。

4 会計年度任用職員についてはすべて，その任用や勤務条件等に関し，任命権者から地方公共団体の長に対する報告や長による公表等の対象となる。

5 臨時的任用については，常時勤務を要する職に欠員を生じた場合に限定したことから，フルタイムで任用された会計年度任用職員の職に欠員が生じた場合には，任用することができない。

正解チェック欄 1回目 2回目 3回目

地方公務員法

1　誤り。一般職として非常勤職員を任用する場合には，会計年度任用職員として任用することが適当である。改正法の主旨は，適正な任用・勤務条件を確保することにある（地公法22の2①）。

2　誤り。勤務時間でフルタイムとパートタイムの区分をしているが，職員の任用は公正の確保と職務遂行能力の確認の観点から条件付採用期間を1ヵ月としている（地公法22の2①，⑦）。また，成績主義の下，能力の実証を経て毎年度新たな職に任用されるものとしている。

3　誤り。職務の遂行に必要かつ十分な任期を定めるものとし，また前の任期と新たな任期の間に空白期間を設けないよう配慮する義務がある（地公法22の2⑥）。

4　誤り。フルタイムの会計年度任用職員については，給料，旅費及び期末手当等，一定の手当の支給対象となることから，人件費の管理等の観点から適正な取扱いを確保する必要がある（地公法58の2①）。短時間勤務職員は除かれる。

5　正しい。臨時的任用職員については，フルタイムで任用され，常勤職員が行うべき業務に従事するとともに，給料，旅費及び一定の手当が支給される（地公法22の3①）。フルタイムの会計年度任用職員は，常勤職員が行うべき業務以外の業務に従事するため，職務の内容や責任の程度が異なる。

正解　5

Q 59 職員の給与

★★★

職員の給与に関する記述として妥当なのは次のどれか。

1 職員は修学部分休業又は高齢者部分休業の承認を受けた場合には，その休業により勤務しない時間の給与について減額されることはない。

2 職員の給与は，法律又は条例により特に認められた場合を除き，直接職員にその全額を支払わなければならず，委任状により受任者に一括して支払うことはできない。

3 地方公務員法は職員の給与は，その職務と責任に応ずるものでなければならないとする職務給の原則を定めているが，この原則は企業職員及び単純労務職員にも当然適用される。

4 職員が講演等を依頼されて所属長の許可を得て行った場合に謝礼金を受け取ることは，それが職務上のものと認められるときは，給与と認められる。

5 給与の請求権は地方自治法の定めるところにより公法上の債権であるから，5年間権利を行使しない場合は，時効で消滅する。

正解チェック欄	1回目		2回目		3回目		**A**

　公務員は全体の奉仕者として公共の利益のために勤務する一方，勤務を提供した対価として給与を受け生計を維持するものである。職員の給与に関する基本原則は，給与決定に関する原則（職務給の原則，均衡の原則，条例主義の原則）（地公法24，25）と給与支給に関する原則（通貨払の原則，直接払の原則，全額払の原則）（地公法25②）がある。また，平成26年の法改正により，人事評価制度を導入し，任用，給与，分限その他の人事管理の基礎とするものとした（地公法23〜23の4）。

1　誤り。ノーワークノーペイの原則により給与は当然減額される（地公法26の2③，26の3②）。

2　正しい。公務員の給与は，労働基準法24条の規定により，直接本人に支払うことになっている。委任状により受任者に一括して支払うことはできない（行実昭27.12.26，地公法25②）。

3　誤り。地方公務員法に定める職務給の原則（職務給の原則を徹底するため，条例で「等級別基準職務表」を定めるものとした。）は，企業職員及び単純労務職員には適用されない（地公法24①，地公企法39①，地公労法附則⑤）。しかし，その代わりに地方公営企業法38条2項の給与に関する規定が適用される。

4　誤り。職員が所属長の許可を得て講演会の講師となった場合の謝礼金や職務上のものとして行われた場合の車代や表彰に使う記念品の支給などは，勤務の度合いに比例する対価ではないから，給与には該当しない（行実昭31.11.20，昭34.5.13）。

5　誤り。職員の給与請求権（自治法236①）は，労働基準法の適用が優先するため，権利の行使をなし得る時から2年を経過したときは時効によって消滅する（地公法58③，労基法115）。

正解	2

Q | 60 職員の勤務時間

★★

職員の勤務時間に関する記述として妥当なのは次のどれか。

1 任命権者は，職員を大学その他の条例で定める教育施設における修学のため，2年を超えない範囲内で1週間の勤務時間の一部について勤務しないことを承認したときは，職員が休職又は停職の処分を受けた場合でもその効力を失わせることができない。

2 職員の勤務時間は，条例で定めなければならないとされているが，条例の委任があれば規則で定めることもできる。

3 職員の勤務時間を定めるに当たっては国及び他の地方公共団体の職員並びに民間事業の従事者との間に権衡を失しないように適当な考慮が払われなければならない。

4 休憩時間は，勤務時間の途中に設けられるが，この時間は勤務を要しない時間であるから，給与の支給の対象とはならない。

5 職員の勤務時間について，人事委員会は毎年少なくとも1回，勤務時間が適当であるかどうかについて，地方公共団体の議会及び長に同時に報告しなければならない。

| 正解チェック欄 | 1回目 | | 2回目 | | 3回目 | | **A** |

　職員の勤務時間は，条例によって定められるが，労働基準法で定める基準を下回ってはならない（労基法13，地公法58③）。

1　誤り。修学部分休業をしている職員が休職又は停職の処分を受けた場合は，修学部分休業の承認の効力も失う（地公法26の2②）。

2　誤り。職員の勤務時間については，条例主義の原則（地公法24⑤）があり，条例の委任により規則で定めることはできない。条例主義の原則は，財政民主主義の実現と職員の権利擁護という意味をもっている。

3　誤り。職員の勤務時間を決めるに当たっては国及び他の地方公共団体の職員との権衡を失しないように適当な考慮が払われなければならないとしている（地公法24④）。一方，給与を決める場合，民間事業の従事者の給与を考慮して定めなければならない（地公法24②）として区別している。

4　正しい。休憩時間は労働基準法34条3項により，使用者は自由に利用させなければならないとしているから，この結果として給与の支給対象とはならない。

5　誤り。勤務時間について人事委員会が地方公共団体の議会及び長に同時に報告する規定はない（地公法26，8①Ⅱ）。

正解　4

Q 61 分限処分

★★★

分限処分についての記述として妥当なのは次のどれか。

1 任命権者は，人事評価又は勤務の状態を示す事実に照らして職員の勤務実績が良くない場合，これを分限降任又は降給することはできるが，分限免職することはできない。

2 地方公務員法は，分限処分の種類について免職，休職，降任及び降給の処分を定めているが，条例で定めればこれ以外の処分を行うこともできる。

3 職員が刑事事件に関し起訴された場合，任命権者は休職処分を行うことができるが，その判断は当該職員が有罪となるか無罪となるかとは全く関係なく行われる。

4 任命権者は，登録を受けた職員団体の役員として専ら従事することについて任命権者の許可を受けた職員が刑事事件に関し起訴された場合，分限休職することはできない。

5 職制若しくは定数の改廃又は予算の減少により廃職又は過員を生じた場合，任命権者が分限降任又は免職処分を行うに当たっては，公務能率の維持向上を図る視点から平等取扱の原則に従って行えば違法の問題は生じない。

正解チェック欄	1回目		2回目		3回目		**A**

　分限処分とは職員が一定の事由によってその職務を十分に果たせなくなった場合に，公務能率を高めるため職員の意に反する身分上の変動をもたらす処分である。人事評価制度の導入により人事評価又は勤務の状況を示す事実に照らして，勤務実績がよくない場合として，分限事由を明確化した（地公法28①Ⅰ）。

事　　　由	分限処分の種類
法　律　事　由	免職，降任
法律又は条例事由	休　　　職
条　例　事　由	降　　　給

1　誤り。勤務実績が良くない場合その意に反して，降任又は免職することができる（地公法28①Ⅰ）。

2　誤り。条例で定めることができるのは休職の事由と降給の事由について認められているが，処分を追加することは認められていない（地公法27②）。

3　正しい。刑事事件に関し起訴された場合に休職にすることが認められているのは，拘留されたりして正常な勤務をすることが困難になることや，公務に対する疑惑を生じさせないために行うもので，当該職員が有罪となるか無罪となるかとは関係がない（地公法28②Ⅱ）。

4　誤り。職員団体の専従休職者が，刑事事件に関し起訴された場合，分限休職処分を行うことができる（行実昭38.9.20，地公法55の2⑤，28②Ⅱ）。

5　誤り。本肢のような場合には，勤務成績等の諸般の事情を考慮して任命権者の権限においてその対象者を特定しなければならない（地公法28①Ⅳ）が，その際，平等取扱の原則（地公法13）と公正な処分の原則（地公法27①）に従って行わなければならない。

正解	3

Q 62 懲戒処分

★★★

懲戒処分に関する記述として妥当なのは次のどれか。

1 懲戒処分には，免職，停職，減給及び戒告の4種類がある
  が，条例で定めれば訓告，注意等の処分により当該職員に制
  裁を与えることもできる。

2 再任用職員に採用された職員に対し，定年退職者となった
  日までの引き続く職員としての在職期間に職務上の義務に違
  反したことを理由として懲戒処分を行うことは一切できな
  い。

3 任命権者は，収賄容疑で起訴された職員に対しては，懲戒
  処分を行わなければならないが，この職員について無罪が確
  定したときは，その処分を分限処分に変更しなければならな
  い。

4 任命権者は職員に対して行った懲戒処分が軽すぎることを
  理由に，その処分を取り消して重いものに変更することはで
  きない。

5 同一の地方公共団体の内部において任命権者を異にして異
  動した場合は懲戒権が消滅するため，新しい任命権者は前の
  任命権者の下での非違行為に対して懲戒処分を行うことはで
  きない。

| 正解チェック欄 | 1回目 | 2回目 | 3回目 | **A** |

懲戒処分は職員の非違行為に対して行われる処分で，職員の道義的責任を追求し公務員関係の秩序維持が目的である。

種類—免職，停職，減給，戒告（すべて法律事由）

1　誤り。懲戒処分には公務員関係から排除する免職と，本人に反省の機会を与え矯正しようとする停職，減給，戒告の4種類があり，これ以外の処分は懲戒処分として行うことはできない（地公法27③，29）。

2　誤り。公務における秩序維持や住民の信頼の確保，公務員倫理の確立等の観点から不祥事に対しては，厳正に対処することとした。そのため退職前の在職期間中の行為に対し懲戒事由に該当すれば懲戒処分を行うことができるものとした（地公法29③）。

3　誤り。起訴された職員に対して任命権者が分限休職処分を行う（地公法28②Ⅱ）か，又は非行があるとして懲戒処分を行う（地公法29①Ⅲ）かは裁量行為である。また，懲戒処分は行政庁の裁量処分であるから，無罪が確定したとき分限処分に変更しなければならないものではない。

4　正しい。懲戒処分のような1回限りで完結する行政行為は任命権者が取り消すことはできない。この場合，人事委員会若しくは公平委員会の裁決，決定又は裁判所の判決によってのみ取り消すことができる（最判昭50.5.23）。

5　誤り。懲戒処分は地方公共団体が有している懲戒権を任命権者が行使することによって科される行政庁内部の処分である。したがって同一の地方公共団体の内部である限り任命権者を異にして異動した場合でも，懲戒権は消滅しないため，新しい任命権者が前の任命権者の下での非違行為に対して懲戒処分を行うことができる（地公法6①）。

地方公務員法

| 正解 | 4 |

Q 63 法令及び上司の職務命令に従う義務

★★

　法令及び上司の職務命令に従う義務に関する記述として妥当なのは次のどれか。

1　職員は，職務の等級が上位にある者の命令であれば，その職員を指揮監督する権限のない者の命令にも従わなければならない。

2　職員に対して宿日直勤務を命ずる場合においては，労働基準法の規定によって行政官庁の許可を必要とするが，当該許可を受けない宿日直勤務を命じた場合は，当該宿日直勤務の労務を提供する義務が発生しない。

3　職員は，その職員の職務に関する命令には従う義務があるから上司の職務上の命令に重大かつ明白な瑕疵がある場合でも，その命令に従わなければならない。

4　職員は指揮監督権限を有する上司の職務上の命令に従わなければならないが，その場合でも職務に関して上司に意見を述べることはできる。

5　職務命令は，職員の職務遂行に直接関係のあるものに限られるから職員の生活行動の制限には及ばない。

| 正解チェック欄 | 1回目 | 2回目 | 3回目 | **A** |

| 有効な職務命令 | 職務上の上司→職務上の命令
身分上の上司→身分上の命令 |
| 職務命令の拘束力 | 命令に取り消しうべき瑕疵がある→有　効
命令に重大かつ明白な瑕疵がある→無　効 |

地方公務員法

1　誤り。職務命令を発することができる上司とは，職務の遂行について当該職員を指揮監督する権限を有する者である。たとえ地位が上位にある者でも職務命令を発することができる上司でない者が発した命令に従う義務はない（地公法32）。

2　誤り。宿日直を命ずる場合は労働基準法41条及び同法施行規則23条の規定によって行政官庁（市町村長）の許可を必要とするのであるが，許可を得ないで行われた宿日直勤務の命令による場合でも，職員は宿日直勤務する義務が発生するものと解する（行実昭32.9.9，地公法32）。

3　誤り。職務命令に重大かつ明白な瑕疵がある場合にはそれが無効であるから，職員はこれに従う義務はない。

4　正しい。権限を有する上司の職務命令に従うことは，行政の統一性を確保し，秩序を維持するうえからも当然であるが，その場合に職務に関し上司に意見を述べることは認められる。

5　誤り。職務命令は組織上の上司に与えられた権限の範囲内で行使するものであるが，公務を適正に執行し住民の信頼を得せしめ又はそれを失わないためには，職員の生活行動の制限についても職務との関連性を考慮し合理的範囲で認められる。

正解　4

Q 64 信用失墜行為

★★★

　地方公務員法に定める信用失墜行為の禁止に関する記述として妥当なのは次のどれか。

1　職員が，その職の信用を傷つける行為を職務に関連して行った場合には，地方公務員法上の罰則が適用される。

2　信用失墜行為に関しては，地方公務員法上の罰則規定はないが，職務に関する行為であると否とにかかわらず懲戒処分の対象となる。

3　職員の行為が信用失墜行為に当たるか否かは任命権者の主観的判断に基づいて決定される。

4　職員の非行は勤務時間内においてなされた非行行為に限られ，勤務時間外においてなされた非行行為はその責を問われない。

5　信用失墜行為に関しては，刑法その他の刑罰規定に該当する限り懲戒処分の対象になり得るが，刑罰規定に該当しない場合は懲戒処分の対象とはならない。

| 正解チェック欄 | 1回目 | | 2回目 | | 3回目 | | Ⓐ |

信用失墜行為の禁止→この判断基準は社会通念上許容されるか否かで行われる（地公法33）。

- 職務との関係不問
- 勤務時間の内外不問
- 犯罪の成立不問

1　誤り。職員の信用失墜行為に関する地方公務員法上の罰則規定（地公法60，61）はない。

2　正しい。職員の信用失墜行為は，職務の遂行に直接関係する場合はもちろん職務の遂行と無関係であっても，職全体の信用を傷つけたときは，公務全体が不名誉となる。このような非行があったときは懲戒処分の対象となる（地公法29①Ⅰ，Ⅲ）。

3　誤り。職員の行為が信用失墜行為に当たるか否かについては，立法趣旨に照らし，具体的な事情についてケースバイケースで判断する。この判断基準は健全な社会通念に基づいて行われるが，社会情勢の変化によって変わっていくものである。

4　誤り。職員の職全体の不名誉となるような行為は，勤務時間内に限らず勤務時間外も含まれる。たとえば，勤務時間外に飲酒運転を行ったり，常習賭博を行うなど個人的な事件であっても，公務全体あるいは職全体の信用が損なわれることになる（地公法29①Ⅲ）。

5　誤り。具体的にどのような行為が信用失墜行為に当たるかについて一般的な基準はたてがたいが，刑罰に科せられる場合に限らず，公序良俗に違反するような行為や争議行為の禁止違反のような服務規定違反も信用失墜行為に当たる。

地方公務員法

正解　2

Q | 65 秘密を守る義務

★★★

地方公務員法に定める秘密を守る義務に関する記述として妥当なのは次のどれか。

1　職務上知り得た秘密は，職務執行上知り得た秘密であるから，職務に関係なく見聞したような事務は職務上知り得た秘密には当たらない。

2　職員は，職務上知り得た秘密を漏らしてはならないが，この義務は，在職中だけでなく退職後も守らなければならない。しかし，現に職員である者と異なり守秘義務に違反しても刑罰を科せられることはない。

3　人事委員会の権限によって行われる調査，審理に関して職員が秘密に属する事項を発表する場合には，任命権者の許可を必要としない。

4　職員は当該地方公共団体の議会から職務上の秘密に属する事項について証言を求められた場合には，必ず証言しなければならず，その証言に当たっては任命権者の許可を受ける必要がない。

5　秘密を守る義務に違反して職務上知り得た秘密を漏らす行為を企て命じ，故意にこれを容認し，又はそそのかした職員は，刑罰の対象にならないが，懲戒処分の対象にはなる。

| 正解チェック欄 | 1回目 | 2回目 | 3回目 | **A** |

秘 密	職務上知り得た秘密→職員が職務を執行するに際し，実際に知った秘密を指す（職務に関連して知り得たものを含む）
	職務上の秘密→職員の職務上の所掌に属する秘密（未発表の公文書,㊙の押印されている公文書など）
	罰 則　　職　　員→懲戒処分，刑罰 　　　　　退 職 者→刑罰

地方公務員法

1　正しい。職務上知り得た秘密は，職員がその職務を執行するに際して知り得た秘密をいうから，職務に関係なくたまたま見聞したものは含まれない。

2　誤り。職員は職務上知り得た秘密を漏らしてはならない。その職を退いた後もまた同様とする（地公法34①）。秘密を漏らした場合の罰則については，退職後の職員も含まれる（地公法60Ⅱ）。

3　誤り。人事委員会には国家公務員法100条4項の人事院の権限に相当するものは与えられていないから，任命権者の許可が必要である（行実昭26.11.30，地公法34②）。

4　誤り。法令による証人，鑑定人などとして職務上の秘密を発表する場合の任命権者の許可は，法律に特別の定めがある場合以外は拒んではならないとしている（地公法34③）。なお，普通地方公共団体の議会からの証言又は記録の提出の請求の場合において当該官公署は秘密の発表の許可を与えないことができる（自治法100④）。

5　誤り。地方公務員法60条2号により，違反する行為（職務上知り得た秘密を守る義務違反）を企て，命じ，故意にこれを容認し，そそのかし，又はほう助をした者は刑罰の対象になる（地公法62）。

正解　1

Q 66 職務専念義務

★★

　地方公務員法に定める職務専念義務に関する記述として妥当なのは次のどれか。

1　職務専念義務の対象となる事務は地方公共団体の自治事務に限られる。

2　この義務は法律又は条例に特別の定めがある場合に免除することができるが，任命権者はこの義務を免除した勤務時間に対し，給与を支払わなければならない。

3　職員は全体の奉仕者としての能力のすべてを職務遂行のために用いなければならないが，その職務専念義務は勤務時間内に限られない。

4　勤務時間中に勤務条件に関する措置の要求を人事委員会に対して行う場合は，法律又は条例に特別の定めがなくても職務専念義務は免除される。

5　適法な団体交渉に参加する職員に対しては，任命権者の承認により，その時間中の職務専念義務が免除される。

| 正解チェック欄 | 1回目 | | 2回目 | | 3回目 | | |

職務専念義務→職員が勤務時間内（正規の勤務時間，時間外勤務時間，休日勤務時間）に課せられる義務であるが，法律又は条例に特別の定めがある場合に限り免除することができる。

1　誤り。職務専念義務の対象は，当該地方公共団体がなすべき責を有する職務（地公法35）である。

　　この職務には，自治事務のほか法定受託事務も含まれる（自治法2⑧，⑨，138の2の2）。

2　誤り。一般的に職務専念義務が免除された場合には，ノーワークノーペイの原則に従って給与が支給されないことになるのが原則である。しかし，この義務が免除される理由には様々なものがあるので，具体的な理由に応じて給与の支給をどうするかということは，個別に条例で定められる。

3　誤り。職務専念義務があるのは，職員の勤務時間内に限られる（地公法35）。すなわち，条例により正規の勤務時間として定められた時間及び休日出勤や時間外勤務を命ぜられた時間中に限ってこの義務がある。

　　したがって休憩時間中や勤務を要しない日は，特に勤務を命じられない限りこの義務はない。

4　誤り。勤務時間中に地方公務員法46条の規定による勤務条件に関する措置要求を人事委員会に対して行う場合でも，法律又は条例に特別の定めがない限り職務専念義務に抵触する（行実昭27.2.29）。

5　正しい。適法な団体交渉は勤務時間中においても行うことができる（地公法55⑧）。しかし，職員の職務専念義務の免除については，権限を有する者の承認を得ることが必要である（行実昭41.6.21）。

正解　5

地方公務員法

Q 67 政治的行為の制限

★★★

　地方公務員法に定める政治的行為の制限に関する記述として妥当なのは次のどれか。

1　職員は，当該職員の属する地方公共団体の区域外においては政党その他の政治的団体の構成員になるように勧誘運動をすることは禁止されていない。

2　職員はいかなる区域においても特定の政党又は地方公共団体の執行機関を支持する目的をもって署名運動を企画してはならない。

3　職員は当該職員の属する地方公共団体の区域外においては，特定の政党を支持する目的をもって文書を地方公共団体の庁舎に掲示することができる。

4　職員は公の選挙において特定の候補者に投票するように勧誘運動することは，その職員の属する地方公共団体の区域外においては許される。

5　職員が特定候補者の依頼により勤務時間外に選挙事務所において無給にて経理事務の手伝いをした場合は，公の選挙において投票するよう勧誘したことに当たる。

正解チェック欄	1回目		2回目		3回目		Ⓐ

〔禁止される政治的行為（地公法36）〕

A 政党の結成等に関する行為（目的・地域不問）

　政党等の①結成に関与，②役員に就任，③構成員となるよう（ならないよう）勧誘運動をする。

B 特定の政治目的を有する特定の政治的行為

目　　　的	行　　　為	禁 止 地 域
①　特定の政党等を支持し又はこれに反対する目的 ②　公の選挙等において特定の人等を支持し又はこれに反対する目的	1　投票等の勧誘運動 2　署名運動の企画等 3　寄付金等の募集関与 4　庁舎等を利用した文書等の掲示等 5　その他条例で定める政治的行為	当該地方公共団体の区域 ただし 4 については全国

（注）・教育公務員については全国的に禁止（罰則はない）。
　　　・職員が署名を行うこと自体は，積極的に関与することにはならない。
　　　・寄付金等を与えることは該当しない。

1　誤り。上記解説の通り（地公法36①）。

2　誤り。上記解説の通り（地公法36②Ⅱ）。

3　誤り。上記解説の通り（地公法36②Ⅳ）。

4　正しい。上記解説の通り（地公法36②但書）。地方公共団体の区域については，職員が都道府県の支庁若しくは地方事務所又は指定都市の区若しくは総合区に勤務するときは，その支庁，地方事務所，区若しくは総合区の所管区域を意味する。

5　誤り。職員が特定の候補者の依頼により勤務時間外に選挙事務所において無給にて経理事務の手伝いをした場合の行為は，単なる労務の提供であって公の選挙において投票するよう勧誘運動した者ではない（行実昭26.4.12）。

正解　4

Q 68 営利企業への従事等の制限

★★★

　地方公務員法に定める営利企業の従事等の制限に関する記述として，妥当なのは次のどれか。

1　職員が営利を目的とする私企業を営むことを目的とする会社の役員になるときは，報酬を得ない場合は，任命権者の許可を得る必要はない。

2　臨時的任用職員及びフルタイムの会計年度任用職員は，営利企業への従事制限の対象となるが，パートタイムの会計年度任用職員は対象とならない。

3　離職後に営利企業等に再就職した元職員は，離職後5年間に在職していた地方公共団体の執行機関の組織等の職員に対して，当該営利企業等と在職していた地方公共団体との間の契約等の事務について離職後2年間は離職前5年間の職務に属するものに関し要求又は依頼してはならないが，罰則の適用を受けるのは元職員のみである。

4　勤務時間内に営利企業に従事することについて，任命権者の許可があったときは，当然に職務専念義務も免除される。

5　職員が任命権者の許可なく営利企業への従事等の制限に違反した場合については，懲戒処分の対象となるほか，罰則に関する規定が適用される。

正解チェック欄	1回目	2回目	3回目	A

営利企業への従事等の制限

① 商業，工業又は金融業その他営利を目的とする私企業の役員その他の地位を兼ねること
② 自ら営利企業を営むこと
③ 報酬を得て他の事務事業に従事すること

・任命権者の許可に違反すると懲戒処分の対象となる

地方公務員法

1 誤り。営利を目的とする私企業を営むことを目的とする会社の役員になるときは，無報酬であっても任命権者の許可が必要である（地公法38①）。これは，職員の職務専念義務を全うすることと行政不信を防止するためである。

2 正しい。会計年度任用職員には，業務量に応じてフルタイムとパートタイムの職がある。パートタイムの会計年度任用職員は，勤務時間が限られていて，極めて短い時間のみ公務に従事することや，職員の生計の安定，多様な働く機会の提供の確保など柔軟な対応が必要とされている（地公法22の2①Ⅰ，38①但書）。

3 誤り。営利企業等（営利企業及び非営利法人）に再就職した元職員に対し，離職前の職務（売買，賃借，請負その他の契約若しくはその子法人に対する行政手続法の処分）に関して現職職員への働きかけを禁止する（地公法38の2①）。

再就職者から要求又は依頼を受けた現職職員はそのことを理由として職務上不正な行為をし又は相当の行為をしなかった場合，1年以下の懲役（令和7年6月1日より「拘禁刑」）又は50万円以下の罰金となる（地公法60Ⅷ）。

4 誤り。営利企業等に従事することについて，任命権者の許可があっても自動的に職務専念義務が免除されるわけではない（地公法35）。

5 誤り。職員が任命権者の許可を受けないで営利企業に従事した場合は，地方公務員法38条違反として懲戒処分の対象とはなる（地公法29①Ⅰ）が，罰則の適用はない（地公法60，61）。

正解	2

Q 69 勤務条件に関する措置要求

★★★

地方公務員法に定める勤務条件に関する措置の要求に関する記述として，妥当なのは次のどれか。

1 この制度は職員又は職員団体が勤務条件について人事委員会又は公平委員会に対し，地方公共団体の当局が適当な措置を執るよう要求するものである。

2 措置要求について職員の個々が共同して要求することができるし，委任を受けた職員が民法上の代理権の授受に基づいて代理人として行うことができる。

3 措置要求の対象となる勤務条件とは，職員が自己の勤務を提供し又はその提供を継続するかどうかの決心をするに当たり，一般的に当然考慮の対象となるべき利害関係事項であり，勤務評定や職員定数の増減はこれに含まれるが，現行勤務条件の不変更を求めることはできない。

4 人事委員会又は公平委員会が既に判定を下した事案とその要求の趣旨及び内容が同一の事項について，同一人が再び措置の要求をすることはできない。

5 不利益処分に関する審査請求による審査を請求した職員が退職した場合においては，その退職によって請求の利益が失われることがないものについては，人事委員会は，当該請求に係る審査を行わなくてもよい。

正解チェック欄	1回目	2回目	3回目	**A**

職　　員	要求の内容	要　求　先	判定結果
(条件付採用・会計年度任用職員・臨時職員含む) (退職職員は不可)	給与・勤務時間その他の勤務条件	人事委員会又は公平委員会	棄却・実行・勧告

地方公務員法

1　誤り。勤務条件に関する措置要求ができるのは，職員であり，職員団体は措置要求することはできない（地公法46）。

2　正しい。複数の職員が共同して措置要求をすることができる（行実昭26.11.21）。また職員が，民法上の代理権の授受に基づいて第三者に代理権を与えて措置要求を行わせる代理行為も認められる（行実昭32.3.1）。

3　誤り。前段の勤務条件の説明は正しい（行実昭35.9.19）が，職員定数の増減をすることや，勤務評定をすることや，職員定数に関することは勤務条件ではないと解する（行実昭33.5.8，33.10.23）が，現行の勤務条件の不変更を求める措置要求はできる（行実昭33.11.17）。これは，職員が労務の提供をするかどうか決心するに当たっての考慮の対象となるべき利害関係事項であるからである。

4　誤り。人事委員会が既に判定を下した事案とその要求の趣旨及び内容が同一と判断される事項を対象として，同一人から再び措置の要求が提起された場合でも一事不再理の原則を適用することはできない（行実昭34.3.5）。

5　誤り。不利益処分に関する審査を請求した職員が退職した場合においても，その退職によって請求の利益が失われることのないものについては，人事委員会は審査を行わなければならない（行実昭37.2.6，地公法50①）。

正解　2

Q 70 不利益処分に関する審査請求

★★★

地方公務員法に定める不利益処分に関する審査請求についての記述として妥当なのは次のどれか。

1 審査請求の対象となる不利益処分には，懲戒処分や分限処分，平等取扱いの原則，政治的中立性の保障，職員団体に関しての不利益取扱いの禁止に違反する処分も含まれる。

2 地方公営企業の職員や単純労務職員，条件付採用期間中の職員及び臨時的に任用された職員も人事委員会又は公平委員会に対して審査請求を行うことができる。

3 職員は，その意に反して不利益な処分を受けたと思うときは任命権者に対し，処分の事由を記載した説明書の交付を求めることができるが，処分説明書がなければ審査請求をすることはできない。

4 人事委員会は審査請求の審査に当たっては，処分を受けた職員から請求があったときは，口頭審理を行わなければならないが，口頭審理について公開の請求があった場合であっても非公開とすることができる。

5 人事委員会は，その処分が違法，不当な場合においてはその処分の取消し，修正をすることができるが，その判定に不服なときは，職員も地方公共団体当局も裁判所に出訴できる。

正解チェック欄	1回目	2回目	3回目	

不利益処分（懲戒その他その意に反する不利益な処分）を受けた職員（会計年度任用職員を含む）→審査機関である人事委員会又は公平委員会への審査請求→判定（処分の承認，修正，取消し）→判定に不服な職員は出訴できる（地方公共団体当局の出訴は不可）。

1　正しい。懲戒，分限処分以外に平等取扱いの原則（地公法13），政治的中立性の保障（地公法36⑤），職員団体に関しての不利益取扱いの禁止（地公法56）に違反する処分も含まれると解される。

2　誤り。地方公営企業の職員や単純労務職員には不利益処分に関する審査請求制度は適用されない（地公法57，地公企法39①，地公労法附則⑤）。また条件付採用期間中の職員及び臨時的任用の職員は行政不服審査法が適用されない（地公法29の2①）。

3　誤り。任命権者は職員に対して不利益処分を行う場合には，処分の事由を記載した説明書を交付しなければならないが，処分説明書の交付，不交付は処分の効力には影響を及ぼさない（行実昭39.4.15，地公法49①）。このことから処分説明書がなくても職員は処分のあったことを知った日の翌日から起算して3ヵ月以内でかつ処分のあった日の翌日から起算して1年以内であれば審査請求をすることができる（行服法18①，②）。

　　なお，地公法49条1項但書で他の職への降任等に該当する降任をする場合又は他の職への降任等に伴い降給をする場合は交付しなくてもよい（令和5年4月1日施行）。

4　誤り。前段までの説明は正しいが，口頭審理について審査請求をした職員から公開の請求があったときは，審理が公平に行われることを担保するためのものであることから，非公開とすることはできない（地公法50①）。

5　誤り。人事委員会又は公平委員会は，その処分が違法，不当な場合，その処分の取消し，修正ができる（地公法50③）。また，この判定に不服な職員は裁判所に出訴できるが，地方公共団体の機関側からは出訴できない（行実昭27.1.9，地公法51の2）。

地方公務員法

正解　1

Q 71　行政行為の公定力

★★★

　行政行為の公定力に関する記述として妥当なのは，次のどれか。

1　公定力とは，行政行為が違法又は当然無効であっても，正当な権限を有する機関による取消し又は無効の確認があるまでは，相手方に対し拘束力のあることの承認を強要する力である。

2　行政行為は公定力を有するが，違法な行政行為によって損害を受けた者は，あらかじめ当該行政行為が取り消されていなくとも，国家賠償法による損害賠償の請求をすることができる。

3　公定力が認められる行政庁の行為は，いわゆる私法上の行為を含まず，行政行為に限られており，行政庁が行政行為の内容を内部的に意思決定した段階で公定力が生じる。

4　公定力という語は，一般に，争訟の法定期間が経過することによって，行政行為の相手方からは，もはや，当該行政行為の効力を争い得ない効力を生じるという意味において用いられる。

5　行政行為は公定力を生じるから，正当な権限を有する機関による取消しのあるまでは，たとえ取消訴訟の提起があっても，裁判所は執行停止を一切行うことができない。

| 正解チェック欄 | 1回目 | 2回目 | 3回目 | **A** |

公定力とは，違法な行政行為（行政処分）であっても，行政訴訟で争われ，取り消されない限り，有効に相手方を拘束する効力である。たとえば，課税処分が違法であっても，相手方である市民が裁判所に訴えて，行政行為を取り消されない限り，税金を支払わなければならない。行政訴訟という特別な訴訟を制定した以上，行政訴訟で取り消されない限り行政処分は有効である。公定力とは，行政訴訟手続を設けたことから来る仮の効力である。

行政処分 ══════ **公 定 力** ══════ ⇒**不可争力**
（違法であっても，取り消されない限り有効） （出訴期間を経過すると争えなくなる）
◀──────── **出訴期間** ────────▶

1 誤り。行政行為に重大かつ明白な瑕疵があり無効であれば，相手方を拘束しない。

2 正しい。違法な処分が残っていても，損害賠償請求はできる。公定力を覆す必要はない。また，行政訴訟は当該処分の効力の確定に重点があるのに対し，損害賠償請求訴訟は，違法な当該処分により生じた損害の帰属を確定し，被処分者の被った経済的損失を救済することに重点があり，両者はその制度の目的を異にする。なお，違法であっても請求棄却できるとした，いわゆる事情判決の時にも（行訴法31），損害賠償請求をすることができる。

3 誤り。行政庁が外部に表示しない段階では，行政行為としては存在しないから，公定力も生じない。

4 誤り。**不可争力（形式的確定力）** の説明である。上図参照。

5 誤り。行政行為が公定力を有するということと，行政行為の効果を停止させるかどうかとは関係がない。取消訴訟の提起は，原則として行政行為の効果に影響を及ぼさない（行訴法25①）。これを**執行不停止の原則**という。濫訴によって行政が停滞することをおそれたからである。例外的に執行停止を認めている（行訴法25②）。

正解 2

行政法

Q 72　行政行為の効力

★★★

行政行為の効力に関する記述として妥当なのは，次のどれか。

1　行政行為は，不可争力を有するため，その行政行為に瑕疵があっても出訴期間が経過すれば，行政行為の相手方はその効力を争えなくなり，また国民に被害が生じた場合でも国家賠償請求は認められない。

2　行政行為は，不可争力を有するため，撤回事由がある場合でも6ヵ月以内に撤回がなされないときは，行政行為の効力を争い得ない。

3　行政庁は，審査請求の裁決のような争訟裁断行為を行った場合には，職権で自らこれを取り消して，別の裁決や決定を行うことは，係争の法律関係を不安定にすることから許されない。

4　行政庁は，行政行為を取り消した場合には，行政行為の一事不再理の原則により，その後の事情の変更があっても，改めて取り消された行為と同じ行為をすることは許されない。

5　行政行為には，行政庁が自ら行政行為の内容を実現し得る効力を有することがあるが，この場合でも，債務名義は必要である。

正解チェック欄	1回目	2回目	3回目	**A**

　行政行為の効力には公定力，不可争力（前問参照）のほか，自力執行力，不可変更力を有することがある。

① **自力執行力**　相手方の意思に反して行政行為の内容を行政庁が自力で実現し得る効力をいう。たとえば，市民が税金を納めなかった場合には，市長は，裁判所に訴えることなく，自力で税金を取り立てることができる。ただ，行政行為のうち，行政代執行その他の法律の定めによって行政上の強制執行が可能なものについてのみ，自力執行力が認められる。

② **不可変更力**　争訟裁断行為である行政行為には，3の問題文の通りの効力がある。しかし，争訟裁断行為ではない通常の行政行為には，不可変更力はない。

行政法

1　誤り。前段は不可争力の説明であり，正しい。しかし，出訴期間（6ヵ月又は1年）を経過して効力そのものを争うことができなくなっても，国家賠償法の要件を満たせば，賠償請求は可能である。

2　誤り。不可争力は撤回とは関係がない。

3　正しい。不可変更力の説明である。

4　誤り。行政行為に一事不再理の原則の適用はない。事情の変更があれば，取り消された行為と同じ行為をすることは可能である。

5　誤り。前段は自力執行力の説明で正しい。しかし，自力執行するための債務名義は不要である。**債務名義**とは，強制執行によって実現される請求権の存在を公に説明する文書のことであり，「確定した給付判決」が代表例である。

正解	3

Q 73　行政裁量——①

★★★

行政行為を

```
┌ 羈束行為
│              ┌ 法規裁量（羈束裁量）
│ 裁量行為 ┤
└              └ 自由裁量（便宜裁量）
```

に分けた場合に，次の記述のうち正しいのは，どれか。

1　羈束行為と裁量行為との相違は，その行政行為が相手方に対して公定力を有するか否かという点にある。

2　行政庁が法規裁量を誤る行為は一般的には違法とはいえないが，その裁量権を濫用し，又は裁量権の限界を超えた場合は違法行為となる。

3　法規裁量とは何が法であるかという判断であり，その裁量を誤る行為は行政訴訟の対象とはならないが，行政上の不服申立ての対象となる。

4　法規裁量と自由裁量とを区別する実益は，司法審査の限界を具体的に明確にすることにある。

5　行政庁が自由裁量を誤る行為は，単に不当行為であるにとどまるから，行政上の不服申立ての対象とはならない。

| 正解チェック欄 | 1回目 | 2回目 | 3回目 | **A** |

今まで，行政裁量については次のように分類している。

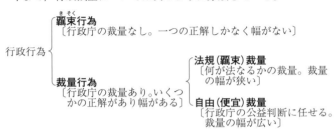

行政行為
- 覊束行為〔行政庁の裁量なし。一つの正解しかなく幅がない〕
- 裁量行為〔行政庁の裁量あり。いくつかの正解があり幅がある〕
  - 法規（覊束）裁量〔何が法なるかの裁量。裁量の幅が狭い〕
  - 自由（便宜）裁量〔行政庁の公益判断に任せる。裁量の幅が広い〕

行政庁が判断を誤った場合，違法か不当か（司法審査の対象となるか否か）の区分は次の通りである。

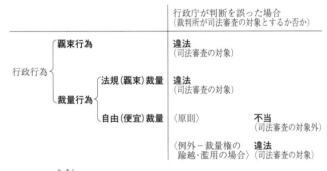

		行政庁が判断を誤った場合 （裁判所が司法審査の対象とするか否か）
行政行為	覊束行為	**違法**（司法審査の対象）
	法規（覊束）裁量	**違法**（司法審査の対象）
裁量行為	自由（便宜）裁量	〈原則〉　　**不当**（司法審査の対象外） 〈例外－裁量権の踰越・濫用の場合〉　**違法**（司法審査の対象）

1　誤り。覊束行為と裁量行為の違いは，行政庁に裁量があるかないかの違いであり，公定力を有するか否かとは関係がない。

2　誤り。行政庁が法規裁量を誤る行為は違法である（上表参照）。

3　誤り。前半は正しい。法規裁量を誤る行為は違法であり，行政訴訟及び不服申立ての対象となる。

4　正しい（上表参照）。

5　誤り。自由裁量を誤る行為は，原則として不当であり，行政訴訟（司法審査）の対象とはならない。しかし，不当な行為は，行政不服申立ての対象となる（行服法1①）。

| 正解 | 4 |

行政法

Q 74　行政裁量 ── ②

★★

　行政裁量を法規裁量と自由裁量に分けた場合における行政裁量に関する記述として妥当なのは，次のどれか。

1　行政裁量は，行政庁の行為の選択の判断であり，法規裁量における裁量の誤りは違法行為となり，自由裁量における裁量の誤りは不当行為となるが，いずれの裁量の場合も裁量権を逸脱・濫用した場合は，違法行為になる。

2　法規裁量は，何が行政目的又は公益に適合するかの裁量であり，もっぱら行政庁が行政目的又は公益を推し量ってする判断であるから，その判断の誤りは裁判所の審理の対象とはなり得ない。

3　自由裁量の場合，通常人の共有する一般的価値法則に従い，客観的法則性に沿って判断されるべきことであるから，裁判所もまた通常人としての衡平感に基づいた裁量についての判断を下さなければならない。

4　自由裁量は，国民の権利や自由を制限する行政行為についての裁量であり，自由裁量を誤る行政行為は違法となる。

5　最高裁判所は，信仰上の理由により剣道実技の履修を拒否した公立高等専門学校の学生が，レポート提出などの代替措置を学校側に申し入れたにもかかわらず，学校側がその申し入れを拒否し行った原級留置処分及び退学処分は，裁量権の範囲内にあると判示している。

　行政庁が行政行為を行うときに判断を誤った場合，国民がその行政行為を争うためには，最終的には行政訴訟を提起し，裁判所の司法審査を受けなければならない。法規裁量と自由裁量を区分することは，司法審査の対象となるかどうかを明確にする意味がある。したがって，行政行為を次のように区分すると分かりやすくなる（阿部泰隆著『行政の法システム』有斐閣）。

伝統的分類	阿部式分類	事　例
羈束行為	→全面司法審査対象行為	課税処分，建築確認
法規(羈束)裁量		
自由(便宜)裁量	→裁量濫用司法審査対象行為	地方公務員の懲戒処分

（伝統的分類：羈束行為／裁量行為＝法規(羈束)裁量，自由(便宜)裁量）

　地方公務員の懲戒処分は，自由裁量行為であり，行政庁が判断を誤っても，原則として不当となるだけで，違法とはならず，裁判所の審査の対象とならない。行政庁が裁量権を逸脱，濫用した場合（たとえば，2，3回の無断欠勤という職務上の義務違反に対して免職処分をした場合）のみ違法となり，裁判所は，その処分を取り消すことができる（行訴法30）。

　1　正しい（前問の表参照）。

　2　誤り。法規裁量ではなく，自由裁量の説明である。

　3　誤り。自由裁量ではなく，法規裁量の説明である。

　4　誤り。国民に権利や利益を付与するか制限するかどうかということと法規裁量であるか自由裁量であるかは，直接の関係はない。

　5　誤り。最高裁は，学校側が，代替措置を検討せず，その申し入れを拒否し行った原級留置処分及び退学処分は，裁量権の範囲を越える違法なものであると判示している（最判平8.3.8）。

正解　1

行政法

Q 75 行政行為の種類──①

★★★

次の文章のA～Dに入る語句の組合せとして，妥当なのは次のどれか。

旅館業法3条1項は，旅館業を経営しようとする者は都道府県知事（保健所を設置する市又は特別区にあっては，市長又は区長）の許可を受けなければならない旨を定めている。この旅館営業の許可は，私人一般に対する　A　を解除するものであるから，講学上の　B　に該当する。この場合，旅館営業を申請した者が旅館の建物を使用するための私法上の権限を有していないことを理由として，申請を受けた行政庁は許可を与えないことが　C　。なお，旅館業者が許可を受けずに旅館を経営し，宿泊客をとったとき，宿泊客と結んだ宿泊契約は　D　である。

	A	B	C	D
1	受忍義務	許　可	できない	無　効
2	受忍義務	認　可	できる	有　効
3	不作為義務	認　可	できない	無　効
4	不作為義務	許　可	できる	有　効
5	不作為義務	許　可	できない	有　効

正解チェック欄	1回目		2回目		3回目		**A**

本来，人間の行動は自由なはずである。行政が関与しない状態であり，これを「**自然の自由**」という。この状態を下図で横軸の太線（**A** ──）で示した。

講学上の許可とは，一般的な禁止（**A**の状態から**B**の状態にする）を解除して私人に行動の自由を回復させる行為（**B**の状態から**A**の状態に戻すこと）である。

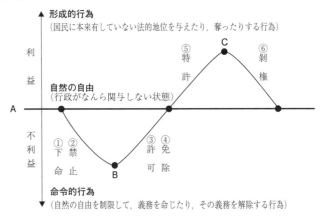

行政法

旅館営業の許可は，私人一般に対する禁止（不作為義務，**A**の状態から**B**の状態にする）を解除して私人に行動の自由を回復させる行為（**B**の状態から**A**の状態に戻す）であるから，講学上の許可に該当する。

行政庁には，私法上の権限の有無を判定する権限はない。その権限は司法に属する（**行政の民事不介入の原則**）。行政庁は許可基準に合うと認めるときは，許可をしなければならない。

許可は，一定の事実を取り締まることを目的としており，許可を受けないでした私法上の行為は有効である。

正解 5

Q 76 行政行為の種類──②

★★★

　行政法学上の許可と認可とを比較した記述として妥当なのは，次のどれか。

1　許可は，第三者の行為を補充してその法律上の効力を完成させる行為であるのに対し，認可は，作為，給付又は受忍の義務を解除する行為である。

2　許可は，私人に直接，特定の排他的，独占的な権利を付与し，又は，私人と行政庁との間に包括的な権利関係を設定する行為であるのに対し，認可は，一般的な禁止を特定の場合に解除し，私人に行動の自由を回復させる行為である。

3　許可は，一般的に，形成的行為に分類され，認可は，一般的に，命令的行為に分類される。

4　許可を要する行為を許可を受けないでした行為は，その効力が当然に否定されるものではないのに対し，認可を要する行為を認可を受けないでした行為は，原則として効力を発しない。

5　許可を要する行為を許可を受けないでした行為は，強制執行や処罰の対象とはならないのに対し，認可を要する行為を認可を受けないでした行為は，強制執行や処罰の対象となる。

| | 正解チェック欄 | 1回目 | | 2回目 | | 3回目 | | |

許可と認可を比較すると次の表のようになる。

	許 可	認 可
定 義	一般的な禁止を特定の場合に解除し，私人に行動の自由を回復させる行為	第三者の行為を補充してその法律上の効力を完成させる行為
具 体 例	公衆浴場の営業をすることを一般的に禁止し，一定の基準を満たした場合に禁止を解除して営業の自由を回復させる（公衆浴場法2条）。 行政庁 　許可 　（公衆浴場営業の許可） ↓ 国 民	私人間の農地の売買契約は，行政庁（農業委員会）の認可（条文上は「許可」）を受けなければ効力を生じない（農地法3条）。 行政庁 　認可 ↓ 国民────国民 （農地の売買契約）
命令的行為か形成的行為か	**命令的行為**	**形成的行為**
許可又は認可を受けないでした行為の効力	許可を要する行為を許可を受けないでした行為は，その効力を否定されない（許可を受けないで公衆浴場を経営しても，営業そのものは効力がある）。	認可を要する行為を認可を受けないでした行為は，効力を生じない（上記具体例の通り）。
許可又は認可を受けないでした行為に対する処罰等	強制執行や処罰の対象となる。	強制執行や処罰の対象とならない。

行政法

正解　4

Q 77　行政行為の種類——③

★★

　行政行為の学問上の分類に関する記述として妥当なのは，次の
どれか。

1　認可は，すでに法律又は行政行為によって課されている一
　般的な禁止を特定の場合に解除して，適法に特定の行為をな
　す自由を回復させる行為をいい，その例として公衆浴場の許
　可，公有水面埋立免許があげられる。

2　特許は，直接の相手方のために，権利能力，特定の権利又
　は包括的な法律関係を設定する行為をいい，その例として鉱
　業権設定の許可，公務員の任命があげられる。

3　許可は，第三者の契約や合同行為などの法律行為を補充し
　て，その法律上の効果を完成させる行為をいい，その例とし
　て農地の権利移動の許可，河川占用権の譲渡の承認があげら
　れる。

4　免除は，すでに法律又は行政行為によって課されている作
　為，給付及び受忍の義務を特定の場合に解除する行為をい
　い，その例として地方債の起債許可，納税猶予があげられ
　る。

5　公証は，特定の事実又は法律関係の存否を公に証明する行
　為で，法律によって法律効果の発生が予定されているものを
　いい，その例として代執行の戒告，選挙人名簿への登録があ
　げられる。

正解チェック欄	1回目	2回目	3回目	**A**

A　法律行為的行政行為 ｛ 命令的行為（①下命②禁止③許可④免除）/ 形成的行為（⑤特許⑥剥権⑦認可⑧代理）

B　準法律行為的行政行為（⑨確認⑩公証⑪通知⑫受理）

　従来，伝統的に行政行為は法律行為的行政行為と準法律行為的行政行為に分類されてきた。法律行為的行政行為とは，行政庁が意思表示により望んだことと同様の法律効果を認める行為をいう。たとえば，行政庁が「道路の通行を禁止する」と表示すると，その通りの法律効果が生じる（第75問解説の図②**禁止**参照）。

　準法律行為的行政行為は，行政庁には法律効果を認めてもらうという意思はなく，単に行政庁の判断や認識したことの表示に対して，法律が一定の法的効果を与える行為である。たとえば⑩**公証**は，従来「特定の事実又は法律関係の存在を公に証明する行為」というように定義されている。住民票の発行は住民登録をしていることの証明であり，それ以上の法的な効果を行政庁が意図しているわけではない。しかし，準法律行為的行政行為の分類は意味がないという説が有力である(塩野宏著『行政法Ⅰ』有斐閣)。たとえば，⑩**公証**については，公の証明力だけでは行政行為としての資格を与えないのが判例である。

　1　誤り。許可の説明になっている（第76問の解説参照）。また，公衆浴場の許可は，「許可」であり，公有水面埋立免許は，「特許」である。

　2　正しい。第75問の解説により，説明する。⑤**特許**は，法が関与しない状態（**A**の状態）から，新たな法律関係を設定して**C**の状態にする形成的行為である。公務員の任命を例にとると，一般の私人には公務執行権がなく，任命によって公務員という地位が創設されるのである。

　3　誤り。「認可」の説明になっている（第76問の解説参照）。

　4　誤り。前半の「免除」の説明は正しい。しかし，地方債の起債許可は「認可」の例である。

　5　誤り。前半の「公証」の説明は，伝統的な説明では正しい。代執行の戒告は，「通知」に分類される。

正解	2

行政法

Q | 78　無効又は取り消しうべき行政行為

★★★

　無効な行政行為又は取り消しうべき行政行為に関する記述として妥当なのは，次のどれか。

1　無効な行政行為とは，行政行為に内在する瑕疵が重要な法律違反であることが明白であるが，正当な権限のある行政庁又は裁判所の取消しがなければ，既往に遡及して効力を失わない行政行為である。

2　無効な行政行為とは，行政行為の主体，内容，手続き等に瑕疵があって，その無効を確認する訴訟を提起するためには，当該処分についての審査請求に対する裁決を事前に経なければならない行政行為である。

3　無効な行政行為とは，行政行為として存在しているにもかかわらず，正当な権限のある行政庁又は裁判所の取消しがなくとも，初めから行政行為としての法律的効果を全く生じない行政行為である。

4　取り消しうべき行政行為とは，行政行為に内在する瑕疵が軽微であると処分庁が判断し，これを前提として手続きが進められたとき，その瑕疵が治癒され，有効な行政行為として取り扱われる行政行為である。

5　取り消しうべき行政行為とは，その成立に瑕疵があるため，正当な権限のある行政庁又は裁判所の取消しがなくとも，関係行政庁その他の国家機関は独自にその効力を否定することができる行政行為である。

正解チェック欄	1回目	2回目	3回目	**A**

(1)　無効・取消しとは何か

　無効とは，行政行為として存在しているにもかかわらず，行政行為が初めからその効力が生じないことをいう。死者に対して営業の許可をした場合は無効である。申請時には生きていた申請者が，処分時には死んでいた場合も無効である。

　取消しとは，行政行為の効力を処分時に遡って効力を消滅させることをいう。5千円とすべき税額を1万円とした賦課処分が例としてあげられる。処分時から誤りがあるという意味で**原始的瑕疵**があるという（第80問解説の図参照）。

(2)　無効と取消しの区別の実益

　無効に至らない瑕疵，すなわち取り消し得る瑕疵の場合は，取り消されない以上有効である（**公定力**）。出訴期間を過ぎると，有効となり，もはや争えなくなる（**不可争力**）。

　無効の場合であれば，いつでも争える。無効と取消しでは，このように裁判上，決定的な違いがある。

　1・2　誤り。無効な行政行為は，初めから効力が生じないのだから，行政庁や裁判所の取消しは不要である。また，当該処分についての審査請求に対する裁決も不要である。

　3　正しい。

　4　誤り。取り消しうべき行政行為は，手続きが進められただけで瑕疵が治癒されるわけではない。瑕疵が治癒されれば，取り消しうべき行政行為とはならない。

　5　誤り。取り消しうべき行政行為は，取り消されない以上有効である。

正解	3

行政法

Q 79　行政行為の成立要件

★★

行政行為の成立要件に関する記述として妥当なのは，次のどれか。

1　行政行為は，正当な権限のある行政庁によりその権限内の事項について行われることが必要であり，相手方の同意を前提要件とする場合，その同意を欠く行為は，原則として無効である。

2　行政行為は，正当な権限のある行政庁によりその正常な意思に基づいてなされることが必要であり，相手方の詐欺によりその意思表示に瑕疵がある場合，それに基づく行為は，当然に無効である。

3　行政行為は，法の定める手続きを踏むことが必要であり，その手続きが行政の合理的かつ円滑な運営など行政上の便宜を目的としている場合，その手続きを欠く行為は，当然に無効である。

4　行政行為は，法の定める手続きを踏むことが必要であり，相手方に目的及び効果を異にする数個の行政行為が連続してなされる場合，先行行為が違法なときは，後行行為は，当然に無効である。

5　行政行為は，一定の形式性及び成文性を備えることが必要であり，その行為を行った日付の記載を要する場合，その記載を欠く行為は，後日補充がなされたとしても，原則として無効である。

| 正解チェック欄 | 1回目 | | 2回目 | | 3回目 | | |

　行政行為が無効であれば，行政行為として成立しないことになる。判例・通説は，**通常の瑕疵**は取消原因，**重大かつ明白な瑕疵**は無効原因と解している。ただ，どのような場合に，無効となるかは具体的な事情による。

1　正しい。公務員の任免のような相手方の同意を前提要件とする行政行為においては，同意が必須の要件であり，同意を欠く行為は無効である。

2　誤り。相手方の詐欺により，その意思表示に錯誤がある場合，それに基づく行為は，当然に無効な行為となるわけではなく，取り消しうべき行政行為となる。

3　誤り。行政上の便宜を目的としている場合の手続きを欠く行為は，当然に無効とはならない。被処分者の利益保護を目的としている場合の手続きを欠く行為の場合に，取消事由又は無効事由となる。手続きを踏むことはそれ自体が目的ではなく，処分内容の公正を期すためである。したがって，手続上瑕疵があっても，処分の内容に影響を及ぼし得る性質のものでなければ，取消事由又は無効事由とはならない。

4　誤り。先行処分と後行処分がそれぞれ別個の目的及び効果を異にし，独立性が高いときには（例：課税処分と滞納処分），先行処分の違法は後行処分に承継されない。

5　誤り。日付の記載は，処分の行われた日を明確にするに過ぎないので，日付の記載を欠いても無効とはならない。後日，日付が記載され補充がなされれば，瑕疵が治癒される。

正解　1

Q 80　行政行為の撤回

★★

行政行為の撤回に関する記述として妥当なのは，次のどれか。

1　行政行為の撤回は，有効に成立している行政行為について，その成立に瑕疵があることが明らかとなったため，成立時に遡ってその効力を失わせるものである。

2　行政行為の撤回は，瑕疵なく成立した行政行為について，公益上その効力を存続させることができない新たな事由が発生したため，将来に向かってその効力を失わせるものである。

3　行政行為の撤回は，有効に成立している行政行為について，解除条件の成就などにより将来に向かってその効力の失われたことを宣言するものであり，監督行政庁のみが撤回する権限を有する。

4　行政行為の撤回は，瑕疵なく成立した行政行為について，行政行為の相手方の死亡などにより自然にその効力が失われたため，将来に向かってその効力の失われたことを宣言するものである。

5　行政行為の撤回は，有効に成立している行政行為について，行政行為の相手方の義務違反などにより成立時に遡ってその効力を失わせるものであり，処分庁のみが撤回する権限を有する。

| 正解チェック欄 | 1回目 | 2回目 | 3回目 | **A** |

行政行為の撤回の意義は問題文の肢2の通りである。ただし，条文上は通常「取消し」という文言を用いている。

撤回する権限は，**処分庁**のみが有する。撤回権は，処分権と裏腹の関係に立つからである。

無効，取消し，撤回の違いを図示すると次のようになる。

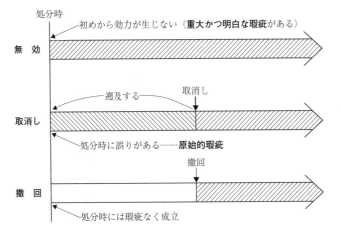

1　誤り。「その成立に瑕疵がある」，「成立時に遡ってその効力を失わせる」が誤っている。

2　正しい。

3　誤り。解除条件の成就の場合には「撤回」とはいわない。また，「監督行政庁のみが撤回する権限を有する」が誤っている。処分庁のみが撤回する権限を有する。

4　誤り。死亡などにより自然に行政行為の効力が失われた場合は「行政行為の失効」という。

5　誤り。「成立時に遡ってその効力を失わせる」が誤っている。

| 正解 | 2 |

Q 81　行政行為の附款

★★

行政行為の附款に関する記述として妥当なのは，次のどれか。

1　条件は，行政行為の効果を発生不確実な将来の事実にかからせる意思表示であり，解除条件が付された場合，その事実が発生することによって行政行為の効力が生じるものとされる。

2　期限は，行政行為の効果を将来発生することが確実な事実にかからせる意思表示であり，例として，一定期限までに工事に着手しなければ失効することとして鉄道事業の免許を与えることがあげられる。

3　負担は，行政行為の相手方に対し，法令に規定されている義務以外の義務を命じる意思表示であるが，義務の不履行があった場合でも行政行為の効力が当然に消滅することはない。

4　撤回権の留保は，特定の場合に行政行為を撤回することができる権利を留保する意思表示であるが，留保条項に該当する事由が発生した場合は，行政行為の効力が当然に消滅する。

5　附款に瑕疵があり違法であっても，当該附款のみの取消しを求めて抗告訴訟を提起することはできない。

従来，附款とは「行政行為の効果を制限するために意思表示の主たる内容に付加された従たる意思表示をいう」（田中二郎著『新版　行政法 上』弘文堂）とされてきた。この定義により，「附款は，**法律行為的行政行為のみに付される**のであって，準法律行為的行政行為には性質上付すことができない」としてきた。しかし，法律行為的行政行為と準法律行為的行政行為の区別自体に問題がある（第77問の解説参照）。

　附款とは，**法律既定事項以外の規律（付加）である。**行政行為によって法律関係が形成されるときに，その具体的内容を法令以外にその行政行為において定めることである（塩野宏著『行政法Ⅰ』有斐閣）。

1　誤り。**条件**の定義は正しいが，後半は停止条件の説明である。
　　停止条件は，事実の発生により行政行為の効果が発生するもの（例：会社の成立を条件として，放送局の免許を与える）。
　　解除条件は，事実の発生により行政行為の効果が消滅するもの（例：一定期限までに工事に着手しなければ失効することとして，道路占用を許可する）。

2　誤り。前段の**期限**の定義は正しいが，例に掲げられているのは解除条件である。期限には**始期**と**終期**がある。

3　**正しい。**

4　誤り。前段の**撤回権の留保**の定義は正しい。しかし，留保条項に該当する事由が発生しても，当然に行政行為の効力が消滅するわけではない。撤回するためには，相手方の事情等を考慮した客観的な事由が必要である。**撤回権の制限の原則**が働くからである。

5　誤り。附款だけの取消訴訟は可能である。ただし，その附款がなければ当該行為がなされなかったであろうことが客観的にいえるような場合には，行政行為全体が瑕疵を帯びると考えられるので，附款だけの取消訴訟は許されない。

Q 82 行政上の強制執行と即時強制

★★

　行政上の強制執行又は即時強制に関する記述として妥当なのは，次のどれか。

1　行政上の強制執行は，行政上の義務の不履行を前提とするが，行政上の即時強制は，これを前提としない点で両者は異なる。

2　行政上の即時強制は，通常，目前急迫の障害を取り除く必要から行われるという性質上，特に法律や条例等の根拠を要しない。

3　行政上の強制執行は，執行罰，行政罰，秩序罰及び直接強制の4種類の強制手段に分けられ，これらの手段によりその目的を確実に達成する。

4　行政上の即時強制は，人の財産に対するものは一定の制約のもとに認められるが，人の身体に対するものはいかなる場合においても認められない。

5　行政上の強制執行は，義務違反に対して制裁を加えることを目的としているので，司法手続に従って行わなければならない。

行政上の強制措置は次のように分類される。

A　行政行為による義務付けが必要

  Ⅰ　**行政上の強制執行** （・将来に向かって義務の実現を図る　・必ず法律で。代執行は条例でも可）

    ①　**代執行**

    ②　**執行罰**（間接強制）

    ③　**直接強制**

    ④　**行政上の強制徴収**

  Ⅱ　**制裁**（過去の義務違反に対する）

    ①　**行政罰**

      ア　**行政刑罰**

      イ　**秩序罰**

    ②　その他（許認可の取消等）

B　行政行為による義務付けが不要 （・将来に向かって行政上必要な状態を作り出す　・必ず法律又は条例で）

  行政上の即時強制

    ①　**即時執行**（例：警察官職務執行法，飼い犬取り締まり条例）

    ②　**行政調査**（例：所得税法，食品衛生法）

1　正しい。

2　誤り。行政上の即時強制を行うためには，必ず法律又は条例の根拠が必要である。

3　誤り。行政上の強制執行は上記の4種類に分けられる。行政刑罰や秩序罰は過去の義務違反に対する制裁であり，将来に向かって義務の実現を図ることを目的とする行政上の強制執行と異なる。

4　誤り。行政上の即時強制は，人の財産のみではなく，身体に対するものも認められる（例：感染症予防法の強制隔離）。

5　行政上の強制執行は，制裁を加えることではなく，行政上の義務の履行を図ることを目的としている。司法手続に従って行うのではなく，行政庁自身が実力を行使する。

正解　1

Q 83　行政上の強制執行

★★★

行政上の強制執行に関する記述として妥当なのは，次のどれか。

1　代執行は，代替的作為義務における義務の不履行がある場合において，他の手段によってその履行を確保することが困難であり，かつ，その不履行を放置することが著しく公益に反するときでなければ行うことができない。

2　執行罰は，代替的作為義務における義務の不履行についてその履行を強制するために科する罰であり，義務の不履行が反社会性を有するものについて定められており，裁判所が刑事訴訟法の定めに従って科するものである。

3　執行罰は，非代替的作為義務の履行を強制するために，行政上の強制執行の一般的な手段として現行法上認められており，代執行や直接強制と比べ，最も多く用いられる手段である。

4　直接強制は，目前急迫の障害を除く必要上義務を命じる暇のない場合において，直接に国民の身体又は財産に実力を加えて行政上必要な状態を実現するものであり，例として国税徴収法に定める住居等の捜索があげられる。

5　行政上の強制徴収は，いわゆる公法上の金銭債権の強制執行手段であり，法律又は条例に明文の規定がない場合にも，当然に国税滞納処分の例によることができる。

| 正解チェック欄 | 1回目 | 2回目 | 3回目 | **A** |

行政上の強制執行は，次のように分類される。

		根　拠　法	義務の種類	備　　考
①	代　執　行	行政代執行法 条例も可能	代替的作為義務	厳格な要件有り
②	執　行　罰 （間接強制）	砂防法のみ	非代替的作為義務 不作為義務	過料を科す
③	直接強制		作為義務 不作為義務	根拠法は極めて 少ない
④	行政上の 強制徴収	国税徴収法 地方税法等	行政上の金銭給付 義務	

1　正しい（行政代執行法2）。代替的作為義務が不履行であるだけでは足りず，厳格な要件が必要である。

2　誤り。執行罰とは，一定の期間内に非代替的作為義務又は不作為義務を履行しないときには，過料を科すことを予告して，相手方に心理的な圧力を加えることによって義務の履行を確保する方法である。行政上の強制執行であり，刑罰ではないので，裁判所が科すわけではない。

3　誤り。執行罰は，明治憲法下では強制執行の一般的制度として規定されていたが，現行法は，実効性がないことから原則的に廃止した。砂防法36条のなかに，整理漏れの形でとり残されているのみ。

4　誤り。これは行政上の即時強制の説明である。直接強制とは，直接，義務者の身体又は財産に実力を加え，義務の内容を実現するものである。苛酷な人権侵害を伴うものであるから，現行法は，執行罰と同様，一般的制度としては廃止している。

5　誤り。行政上の強制徴収を行うためには，当該法律に「国税滞納処分の例による」といった明文の規定が必要である。条例に規定することはできない。

| 正解　1 |

行政法

Q 84 行政代執行

★★

行政代執行に関する記述として，行政代執行法上，妥当なのはどれか。

1 行政庁は，金銭給付義務以外のあらゆる作為義務の不履行に対して，代執行を行うことができる。

2 代執行を行うことができる行政庁は，義務の履行を強制させることができる権限を有する国の行政官庁及び地方公共団体の長に限られる。

3 行政庁は，代執行を行う場合，戒告及び代執行令書による通知を行わなければならないが，非常の場合で代執行の実施に緊急の必要があり，その手続きをとる暇がないときは，その手続きを経ずに代執行を行うことができる。

4 行政庁は，代執行を行う場合，義務者に対して相当の期限を定め，その期限までに履行されないときは代執行をなすべき旨を文書又は口頭で戒告しなければならない。

5 行政庁は，代執行を行う場合，自ら義務者のなすべき行為を行い，又は第三者をして行わせることができるが，このときの費用は行政庁が負担しなければならず，義務者から徴収することはできない。

| 正解チェック欄 | 1回目 | | 2回目 | | 3回目 | | **A** |

代執行とは，他人が代わって行うことができる義務（代替的作為義務）の強制手続である。行政庁が自ら義務の内容を実現し，又は第三者にこれをさせて，要した費用を本人から徴収する手続きである。

手続きは

① **戒告**

② **代執行令書による通知**

③ **代執行の実行**

④ **強制徴収**

の順序で進められる。

1　誤り。代執行は，作為義務のうち他人が代わって行うことができるもの（代替的作為義務）に対してのみ可能である。

　行政行為によって生ずる義務は，次のように分類される。

		具　体　例
作為義務	**代替的作為義務**	・違反建築物の除却命令によって生じる義務
	非代替的作為義務	・予防接種を受ける義務
不作為義務		・通行禁止による義務

2　誤り。代執行を行うことができるのは行政庁である。行政庁は，行政主体の意思を決定し，外部に表示する権限をもつ行政機関をいう。したがって，国の行政官庁，自治体の長に限られず，教育委員会や公安委員会なども含まれる。

3　正しい（行政代執行法3③）。

4　誤り。戒告は，必ず文書で行わなければならない（行政代執行法3①）。

5　誤り。代執行に要した費用は義務者が負担する（行政代執行法5）。この費用は，国税滞納処分の例により徴収することができる（行政代執行法6①）。

行政法

正解　3

Q 85　行政罰

★★

行政罰に関する記述として妥当なのは，次のどれか。

1　行政罰は，過去の行政上の義務違反に対する制裁として科せられるだけでなく，将来にわたり義務の履行を強制することを目的とする行政上の強制執行の手段としても科せられる。

2　行政刑罰は，行政上の義務違反に対して科せられるものであり，刑事罰と異なり反社会的，反道義的性質を有しない行為に科せられるため，刑法総則の適用はなく，また行政庁が科すこととされている。

3　行政刑罰は，懲役，禁錮など刑法に刑名のある刑罰を科すものであり，刑法と同様に両罰規定を設けることはできず，違反行為者だけが罰せられ，また非訟事件手続法の定める手続きにより科せられる。

4　行政上の秩序罰は，行政上の秩序を維持するために罰金，科料などの財産刑を科すものであり，刑事訴訟法の定めるところにより，罰せられるべき者の住所地の地方裁判所において科せられる。

5　行政上の秩序罰には，地方自治法に定める過料があり，これは地方公共団体の長が条例又は規則違反に対して科すものであって，過料が期限までに納入されないときは地方税の滞納処分の例により処分することができる。

正解チェック欄	1回目		2回目		3回目		**A**

行政罰は，過去の行政上の義務違反に対し，制裁として科せられる罰である。将来に向かって義務の実現を図る行政上の強制執行と本質を異にする。行政罰は次のように分類される。

(1) **行政刑罰**…行政上の義務違反に対し科される刑法の刑名のある刑罰（懲役*，禁錮*，罰金，拘留，科料）。刑法総則が適用され，裁判所が刑事訴訟法の定めに従って科する。両罰規定がおかれることがある（＊令和7年6月1日から「拘禁刑」に一元化）。

(2) **秩序罰**…行政上の秩序を保つために，秩序違反行為に対して科される**過料**。刑法上の罰ではないので，刑法総則，刑事訴訟法の適用はない。

① 国の法律に基づく過料…裁判所が**非訟事件手続法**の定めに従って科する（例：出生届を期間内に届けない者に対する過料（戸籍法137））。

② 自治体の条例，規則違反に対し科される過料…裁判所は関与せず，自治体の長が行政処分として科し，地方税の滞納処分の例により強制徴収することができる。

行
政
法

1　誤り。行政罰は，行政上の強制執行とは本質を異にする。

2　誤り。前段は正しい。しかし，行政刑罰には，刑法総則の適用があり，裁判所が科する。

3　誤り。前段は正しい。しかし，行政刑罰には刑罰と異なり，違反義務者だけではなく，その使用者や事業主にも科刑される（両罰規定）ことがある。また，裁判所が刑事訴訟法の定めに従って科する。

4　誤り。秩序罰は，行政上の秩序を維持するために，過料を科すものであり，刑罰である罰金，科料を科すものではない。また，刑事訴訟法の適用はない。

5　正しい。上記説明の通り。

正解　5

Q 86　行政調査

★★

　行政法学上の行政調査に関する記述として，判例，通説に照らして妥当なのは次のどれか。

1　行政調査には，強制調査と任意調査があり，強制的に行う強制調査には具体的な法律の根拠が必要であるが，相手方の任意の協力を得て行われる任意調査においても，行政調査の実行には法的根拠が必要である。

2　最高裁判所の判例では，警察官が行う自動車の交通違反の予防，検挙を目的とする一斉検問について，それが相手方の任意の協力を求める形で行われ，自動車の利用者の自由を不当に制約することにならない方法，態様で行われる限り，適法であるとした。

3　最高裁判所の判例では，警察官が，覚せい剤の使用ないし所持の容疑がかなり濃厚に認められる者に対して職務質問中，その者の承諾がないのに，ポケットに手を入れて所持品を取り出したうえ検査した行為は，プライバシーの侵害に当たらない適法な行為であるとした。

4　最高裁判所の判例では，所得税法上の質問検査は，当該手続きが刑事責任追及を目的とするものではないとの理由のみで，その手続きにおける一切の強制が憲法上の令状主義の適用の範囲内にあるとはいえず，裁判所の令状なくしてこれを行うことは違憲であるとした。

5　最高裁判所の判例では，国税犯則取締法に基づく犯則調査は，刑事責任の追及を求める手続きであり，当該調査によって収集された資料を課税処分に利用することは，違法であるとした。

| 正解チェック欄 | 1回目 | | 2回目 | | 3回目 | | **A** |

行政調査とは，行政機関が行政目的を達成するために必要な情報を収集する活動をいう。行政調査は，原則として相手方の承諾を前提とする任意調査と相手方の承諾を前提としない強制調査に分類できる。

行政調査
- **任意調査**（法律の根拠は不要）
  〈例〉 所持品検査，自動車の一斉検問
- **強制調査**（法律の根拠が必要）
  〈例〉 土地・建物への立ち入り

1　誤り。上記の説明の通り。

2　正しい（最判昭55.9.22）。

3　誤り。最判（昭53.9.7）は，所持品検査は，任意手段として許容されるものであるから，原則として所持人の承諾を得て行うことが必要であるが，捜索に至らない程度の行為は，強制にわたらない限り，たとえ所持人の承諾がなくとも，具体的状況のもとで相当と認められる限度において許容される場合があるとした。

4　誤り。最判（昭47.11.22，川崎民商事件）は，質問検査は，罰則による間接的強制が置かれるにとどまる行政調査であり，実質上，直接的な物理的な強制と同視すべき程度にまで達しているとは認めがたいことから，憲法35条，憲法38条の適用はないとした。

5　誤り。最判（昭63.3.31）は，犯則調査によって得られた資料をもとに課税処分を行うことは，刑事手続に準ずる慎重な手続きを経て収集された情報を利用するということであるから，手続き的に特段の問題はなく許されるとした。

正解　2

行政法

Q 87　行政事件訴訟の類型

★★★

行政事件訴訟に関する記述として妥当なのは，次のどれか。

1　民衆訴訟は，国又は公共団体の機関の法規に適合しない行
　為の是正を求める訴訟であり，例として職務執行命令訴訟が
　あげられる。

2　抗告訴訟は，行政庁の公権力の行使に関する不服の訴訟で
　あり，例として行政処分の取消訴訟があげられる。

3　機関訴訟は，国又は公共団体の機関相互間における権限の
　存否又はその行使に関する紛争についての訴訟であり，例と
　して住民訴訟があげられる。

4　当事者訴訟は，私法上の法律関係に関する訴訟で，処分の
　存否又は効力の有無が争点になっているものをいう。

5　争点訴訟は，公法上の法律関係に関する訴訟であり，選挙
　人たる資格を有する者に限り提起することができる。

正解チェック欄	1回目	2回目	3回目	**A**

行政事件訴訟は次のように分類される。

		具 体 例
A 主観訴訟	① 抗 告 訴 訟 ② 当事者訴訟	• 行政処分の取消訴訟 • 公務員の給料請求訴訟 • 土地収用法の損失補償に関する訴え
B 客観訴訟	③ 民 衆 訴 訟 ④ 機 関 訴 訟	• 地方自治法上の住民訴訟 • 職務執行命令訴訟

- **主観訴訟**は，国民の個人的利益の保護を目的としている。
  〈例〉 飲食店の経営者が営業停止の処分を受けた場合に，その処分の取消しを求める訴えは，「経営者の営業の自由の保護」が目的
- **客観訴訟**は，行政の違法を是正することを目的としている。
  〈例〉 住民訴訟（自治法242の2）は，個人の利益を目的としたものではなく，公金の違法支出に対する「自治体の財産管理の適正を図ること」が目的

したがって，客観訴訟は，法律上の争訟（裁判所法3）ではなく，法律に定める場合において，法律に定める者に限り，提起することができる（行訴法42）。

1 誤り。前半の民衆訴訟の説明は正しい。しかし，職務執行命令訴訟は，機関訴訟である。

2 正しい。

3 誤り。前半の機関訴訟の説明は正しい。しかし，住民訴訟は，民衆訴訟である。

4 誤り。争点訴訟の説明になっている。**争点訴訟**は民事訴訟であり，例として，農地買収処分が無効であることを前提として，その売渡しを受けた者に対し，農地の返還を求める訴訟などがある。

5 誤り。公法上の法律関係に関する訴訟は，実質的当事者訴訟であり，提起できる者は選挙人たる資格を有する者に限られない。

正解	2

Q 88 取消訴訟の提起の要件

★★★

行政事件訴訟法に規定する処分の取消しの訴えに関する記述として，妥当なのは次のどれか。

1 　処分の取消しの訴えにおける処分には，公権力の行使に当たる事実行為は含まれない。

2 　処分の取消しの訴えにおいては，処分の効果が期間の経過その他の理由によりなくなった後においても，処分の取消しによって回復すべき法律上の利益が存在する限り，訴えの利益が認められる。

3 　処分の取消しの訴えは，違法な行政活動によって生じる権利侵害に対して，被害者に具体的救済を与えることを目的とした主観訴訟なので，原告適格を有するのは，行政処分の直接の相手方に限られる。

4 　処分の取消しの訴えの被告となるのは，当該処分をした行政庁であり，行政法上の権利義務の主体である国や地方公共団体を被告として訴えを提起することはできない。

5 　処分の取消しの訴えは，処分があったことを知った日から6ヵ月以内に提起しなければならず，処分の日から1年を経過すると，裁判所が出訴できなかったことについて正当な理由があると認定しても訴えの提起は認められない。

| 正解チェック欄 | 1回目 | 2回目 | 3回目 | A |

処分の取消しの訴えの訴訟要件は次の通りである。

(1) **行政処分性**…行政庁の行為が行政庁の処分その他の公権力の行使に当たること（行訴法 3 ②）。

(2) **訴えの利益**(狭義)…訴えを提起した者になんらかの利益があること（行訴法 9 ）。

　　たとえば，建築確認については，建築工事が完了すると処分の効果も完了し，当該処分を取り消す訴えの利益はなくなる。

(3) **原告適格**…出訴できる者は，「法律上の利益を有する者」（行訴法 9 ）。

(4) **被告適格**…相手方は処分をした**行政庁**の所属する国又は公共団体（行訴法11①）。

(5) **出訴期間**…処分があったことを知った日から 6 ヵ月以内，処分があったことを知らなくても，処分後 1 年以内。ただし，正当理由があるときは，この限りでない（行訴法14①，②）。

(6) **不服申立て前置主義の場合**は，不服申立てを経た後に限る。

1　誤り。処分には継続的な性質を有する事実行為も含まれると解されている（例：直接強制による諸行為，即時執行による行為）。

2　正しい。除名された議員が除名処分の取消しを求めて係争中に議員の任期が過ぎると，もはや議員の身分は回復できないが，歳費請求をするためには処分を取り消しておく必要があるため，なお除名処分の取消しを求める利益がある（行訴法 9 かっこ書）。

3　誤り。原告適格を有するのは，行政処分の直接の相手方に限られない（例：建築確認に対する隣人は，原告適格がある）。

4　誤り。平成16年改正後の行政事件訴訟法により，被告を特定するという原告の負担を軽減するため，国家賠償法と同様に権利義務の主体である国や自治体を被告とした。

5　誤り。上記(5)出訴期間の説明の通り。

| 正解 | 2 |

行政法

Q 89　抗告訴訟——①

★★★

　行政事件訴訟法に規定する抗告訴訟に関する記述として妥当なのは，次のどれか。

1　行政事件訴訟法に規定する法定の6種類の訴訟以外の抗告訴訟を提起することは許されない。

2　裁決の取消しの訴えは，原処分の違法又は裁決に固有の違法を理由として出訴できる。

3　申請を却下し，又は棄却した処分が判決により取り消されたときは，当該処分を行った行政庁は，判決の趣旨に従って，改めて申請に対する処分をしなければならない。

4　無効等確認の訴えは，当該処分又は裁決に続く処分により損害を受けるおそれがあるなど，無効等の確認を求める法律上の利益を有する者であれば，全てこれを提起できる。

5　不作為の違法確認の訴えは，法令に基づく申請に対して，相当の期間内に何等の処分又は裁決を行わないことについての違法を確認するために認められたものであり，利害関係のあるものは，誰でも提起することができる。

| 正解チェック欄 | 1回目 | 2回目 | 3回目 | **A** |

　抗告訴訟とは，行政行為その他行政庁の公権力の行使に関する不服の訴訟である。次の6種類が法定されている（行訴法3）。

	具体例・留意事項
(1)　**処分の取消しの訴え**	〈例〉営業停止処分の取消しを求める訴え
(2)　**裁決の取消しの訴え**	・裁決に固有の瑕疵がある場合に限る（行訴法10②）
(3)　**無効等確認の訴え**	〈例〉課税処分を受け当該課税処分に係る税金を納付していないため滞納処分を受けるおそれのある納税者は，課税処分の無効確認を求める訴えの提起が可能
(4)　**不作為の違法確認の訴え**	〈例〉特別養護老人ホーム入所申請に対し，長期間，申請を放置している場合 ・申請した者に限り，提起可（行訴法37）
(5)　**義務付けの訴え**	
(6)　**差止めの訴え**	

行政法

1　誤り。6種類の法定抗告訴訟に限定するとは解されておらず，法定外の訴訟も可能である（無名抗告訴訟）。

2　誤り。裁決の取消しの訴えは，原処分の違法を理由としては提起できない（行訴法10②）。

3　正しい（行訴法33②）。これを**取消判決の拘束力**という。

4　誤り。無効等確認の訴えは，設問の要件を備える者で，かつ，当該処分若しくは裁決の存否又はその効力の有無を前提とする現在の法律関係に関する訴えによって目的を達することができないものに限っている（行訴法36）。たとえば，農地買収処分が無効であるときは，直接農地の返還を求める民事訴訟（これを**争点訴訟**という）を提起すればよい。無効の確認訴訟（行政訴訟）をしてから，返還訴訟（民事訴訟）を提起するという二度手間は不要だからである。

5　誤り。申請したものに限る（行訴法37）。

| 正解 | 3 |

Q 90 抗告訴訟——②

★★

　行政事件訴訟法に規定する抗告訴訟に関する記述として妥当なのは，次のどれか。

1　抗告訴訟では，処分の取消判決が確定するとその処分の効力は遡及的に消滅し，この判決は原告だけでなく訴外の第三者に対しても効力を有する。

2　抗告訴訟では，訴外の第三者にその権利や利益を守る機会を与えるため，その第三者の申立てによる訴訟参加は認められているが，処分をした行政庁以外の行政庁の訴訟参加は認められていない。

3　抗告訴訟では，処分があった後にその処分をした行政庁の権限が他の行政庁に承継されたときは，そのいずれの行政庁が属する国又は公共団体を被告として訴えの提起をすることができる。

4　抗告訴訟の審理では，迅速かつ公正妥当な解決を期するため，職権主義が採られており，当事者の弁論を通じて行われる弁論主義が補充的な方法として用いられている。

5　抗告訴訟の審理の結果，処分が違法である場合には，原告の権利の救済を確保する見地から，裁判所は，事情判決を下すことは許されず，この処分を取り消さなければならない。

| 正解チェック欄 | 1回目 | 2回目 | 3回目 | |

1 　正しい。行政処分の取消判決が確定すると，直ちに当該行政処分の効力は遡及的に消滅し，初めから当該処分が行われなかったのと同様の状態になる。この効果を**形成力**という。また，取消判決の形成力は，訴訟当事者のみではなく，訴外の利害関係人にも及ぶことにして（行訴法32），原告の救済を確実なものとしている。このように，取消判決の形成力が第三者に及ぶことを**取消判決の対世的効力**と呼んでいる。

2 　誤り。前半は正しい。訴訟の結果により権利を害される第三者は，訴訟に参加することができる（行訴法22①）。処分をした行政庁以外の行政庁も，裁判所が必要であると認めるときは，訴訟に参加できる（行訴法23①）。

3 　誤り。処分後に，他の行政庁に権限が承継されたときは，承継を受けた行政庁が属する国又は公共団体が被告となる（行訴法11①）。

4 　誤り。行政事件訴訟も弁論主義を原則としている。**弁論主義**とは，裁判の基礎となる資料の収集が当事者の権能であり，かつ責任とすることをいう。すなわち，事案の解明は，当事者の弁論を通じてのみ行われ，裁判所は弁論に現れた主張と証拠のみに基づいて判断を下すのである。ただ，行政上の法律関係は，直接公共の利益と関係するので，当事者の立証が不十分な場合には，職権で証拠調べをすることができることにした（行訴法24）。この点で，行政事件訴訟は，民事訴訟と違い，**職権主義的要素**を取り入れている。

5 　誤り。審理の結果処分が違法であれば，これを取り消すのが原則であるが，取り消すと公益に著しい障害があると認められるときは，裁判所は請求を棄却することができる（行訴法31①）。これを**事情判決**という。

行政法

| 正解 | 1 |

Q 91 行政事件訴訟法における執行停止制度

★★

　行政事件訴訟法に規定する執行停止に関する記述として，妥当なのは次のどれか。

1　行政庁の処分その他公権力の行使に当たる行為についての執行停止の申立てをする場合には，民事保全法に規定する仮処分の請求と同様に，本案訴訟として取消訴訟が係属している必要はない。

2　裁判所は，処分の執行の停止又は手続の続行の停止によって仮の救済の目的を達成できる場合でも，申立人の権利保全のために，処分の効力の停止をすることができる。

3　執行停止の決定が確定した後に，その理由が消滅し，その他事情が変更したときは，裁判所は，相手方の申立てにより，決定をもって執行停止の決定を取り消すことができる。

4　内閣総理大臣は，執行停止の申立てがあった場合には，理由を付して裁判所に異議を述べることができるが，執行停止の決定があった後では，異議を述べることができない。

5　内閣総理大臣は，執行停止の申立てに対して異議を述べる場合には，理由を付さなければならず，裁判所は，その内容上の当否について実質的に審査し，執行停止の決定をすることができる。

正解チェック欄	1回目		2回目		3回目		**A**

　行政処分に対して，取消訴訟を起こしても，それだけでは，行政処分の効力や執行に影響がなく，手続きはそのまま続けられるのが原則で（行訴法25①），これを**執行不停止の原則**という。

　しかし，次の①から④までの要件を満たす場合は，例外的に処分の効力，執行の停止又は手続の続行を止めることができる（行訴法25②，④）。

① 　処分の取消訴訟が提起されていること

② 　重大な損害を避けるため緊急の必要があること

③ 　公共の福祉に重大な影響を及ぼすおそれがあるときは執行停止できない

④ 　本案について理由がないとみえるときは執行停止できない

1 　誤り。執行停止の要件として，取消訴訟や無効等確認訴訟が提起されていることが必要である（行訴法25②，38③）。

2 　誤り。処分の執行の停止又は手続の続行の停止によって目的を達成できる場合は，処分の効力の停止をすることはできない（行訴法25②但書）。

3 　正しい（行訴法26①）。なお，職権で，執行停止の決定を取り消すことはできない。

4 　誤り。執行停止の決定があった後でも内閣総理大臣は異議を申し立てることができる（行訴法27①）。この場合は，執行停止の決定を取り消さなければならない（行訴法27④）。

5 　誤り。裁判所は，内閣総理大臣が異議の陳述の際に援用した理由の当否について，審査権を有しない（東京地判昭44.9.26）。

　　　　　　　　　　　　　　　　　　　正解　3

Q 92　不服申立ての種類

★★★

　行政不服審査法に基づく不服申立てに関する記述として，妥当なのは次のどれか。

1　審査請求は，処分又は不作為に対する不服申立てであり，上級行政庁がある場合は，法律等に特別の定めがある場合を除き，直近の上級行政庁に対して行うことができる。

2　審査請求は，法律等に特別の定めがある場合は，当該処分庁に上級行政庁がある場合であっても，法律に定める第三者機関に対して行うことができる。

3　再調査の請求は，処分庁の処分につき処分庁以外の行政庁に対して審査請求をすることができる場合には，法律に規定がなくても，当該処分に不服がある者は，当該処分庁に対して行うことができる。

4　再調査の請求は，処分庁に対して処分の見直しを求めるものであり，当該処分について審査請求をした場合においても，当該処分庁に対して行うことができる。

5　再審査請求は，行政庁の処分につき法律に再審査請求をすることができる旨の定めがある場合に，当該処分を対象として，法律に定める行政庁に対して行うことができる。

正解チェック欄	1回目	2回目	3回目	**A**

　行政庁の違法又は不当な処分に対して不服がある者は，行政機関に対して不服申立てをすることができる。平成26年の法改正により異議申立てが廃止され，原則として最上級行政庁に不服を申し立てる①審査請求に一元化された。

　例外として，個別法により認められるのが，②再調査の請求と③再審査請求である。

不服申立て
- （原則）①審査請求
- （例外）②再調査の請求（個別法のみ）
　　　　③再審査請求（個別法のみ）

1　誤り。審査請求は，法律等に特別の定めがある場合を除き，直近の上級行政庁ではなく，最上級行政庁に対して行うことができる（行服法4Ⅳ）。

2　正しい（行服法4本文）。例として，地方公務員の不利益処分については人事（公平）委員会に，建築基準法に係る処分については建築審査会に，国税については国税不服審判所に請求する。

3　誤り。再調査の請求は，処分庁自身が事実関係の再調査をすることにより，処分の見直しを求める手続きである。法律に再調査の請求をすることができる旨の定めがあるときに限り，行うことができる（行服法5）。

4　誤り。当該処分について，当該処分庁の最上級行政庁に対して審査請求をした場合は，当該処分庁に対して再調査の請求をすることはできない（行服法5但書）。

5　誤り。再審査請求は，行政庁の処分につき法律に再審査請求をすることができる旨の定めがある場合に，法律に定める行政庁に対して行うことができるが，当該処分だけではなく，審査請求の裁決を対象にすることもできる（行服法6）。

正解	2

Q 93　行政不服審査法上の教示制度

★★

　行政不服審査法に規定する教示制度に関する記述として，妥当なのは次のどれか。

1　行政庁が，審査請求をすることができる処分を書面で行うときは，処分の相手方に対して教示義務がある。

2　行政庁が教示を求められた場合，求めた者が，処分の相手方であるときは，教示義務があるが，それ以外の利害関係人であるときは教示義務はない。

3　行政庁の教示方法については，教示内容の明確を期すため，必ず書面で行わなければならず，口頭で行うことはできない。

4　行政庁が誤って法律上審査請求のできない処分につき，それができる旨を教示した場合には教示への信頼が保護され，当該処分に対する審査請求ができる。

5　処分庁が審査請求をすべき行政庁を誤って教示し，審査請求人が教示された行政庁に審査請求書を提出したときは，教示された行政庁が審査請求の管轄権を得ることになり，初めから適法な審査請求があったものとみなされる。

| 正解チェック欄 | 1回目 | | 2回目 | | 3回目 | | **A** |

(1) 行政庁に教示義務があるのは，次の2つの場合のみである。

① 不服申立てをすることができる処分を書面でする場合（行服法82①）

② 利害関係人から教示を求められた場合（行服法82②）

利害関係人とは，処分の相手方のほか，当該処分に対し，不服申立ての利益をもつ者である。

(2) したがって，次の場合には教示義務はない。

① 不服申立てをすることができる処分を口頭で行うとき

② 書面で処分を行う場合であっても不服申立ての許されない処分を行うとき

1 正しい（行服法82①）。

2 誤り。処分の相手方に限らず，利害関係人から教示を求められたときは教示義務がある（行服法82②）。

3 誤り。教示は書面でも口頭でも良いが，書面による教示を求められたときは，書面でしなければならない（行服法82③）。

4 誤り。法律上審査請求ができない処分に対しては，たとえそれができる旨の教示があったとしても，審査請求はできない。

5 誤り。審査請求をすることができる処分について，誤って審査請求をすべき行政庁でない行政庁Aを審査請求をすべき行政庁として教示した場合にAに書面で審査請求がされたときは，Aは速やかに，審査請求書を処分庁又は審査庁となるべき行政庁に送付し，審査請求人に通知しなければならない（行服法22①）。

正解　1

行政法

Q 94 裁決の種類

★★

　行政不服審査法に定める裁決に関する記述として，妥当なのは次のどれか。

1　却下裁決は，再調査の請求に理由がないとして，裁判所が請求をしりぞけることである。

2　却下裁決は，審査請求に理由はあるが，処分の取消し等により公の利益を著しく損なうとして，審査庁が請求をしりぞけることである。

3　棄却裁決は，再調査の請求がその要件を欠き不適法であるとして，処分庁が本案の判断を行わずに請求をしりぞけることである。

4　棄却裁決は，審査請求に理由がないとして，審査庁が請求をしりぞけることである。

5　事情裁決は，審査請求がその要件を欠き不適法であるとして，裁判所が本案の判断を行わずに請求をしりぞけることである。

| 正解チェック欄 | 1回目 | | 2回目 | | 3回目 | | **Ⓐ** |

「**裁決**」とは，審査請求又は再審査請求に対する審査庁の判断をいう（行服法45，46，66）。再調査の請求に対する処分庁の判断は「**決定**」という（行服法58〜61）。

　裁決（決定を含む）を内容により分類すると却下，棄却，認容の3種類に分かれる（行服法45，46，58，59）。裁判所の判決と同様である。

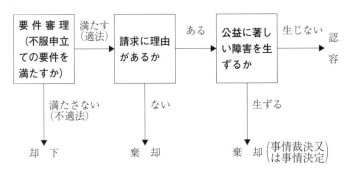

　行政法

1　誤り。再調査の請求に理由がないときは，処分庁は「棄却決定」をする（行服法58②）。また，不服申立てについては，裁判所は関与しない。

2　誤り。事情裁決の説明である（行服法45③）。本来なら処分が違法又は不当であるので「認容裁決」をすべきところであるが，公の利益に著しい障害が生ずる場合には，棄却することができることにしたのである。この場合には，審査庁は，裁決の主文で，当該処分が違法又は不当であることを宣言しなければならない。

3　誤り。却下決定の説明である（行服法58①）。

4　正しい（行服法45②）。

5　誤り。審査請求が不適法であるときは，審査庁は，「却下裁決」をする（行服法45①）。また，不服申立てについては，裁判所は関与しない。

| 正解 | 4 |

Q 95 裁決の効力

★★

行政不服審査法に定める裁決の効力に関する記述として，妥当なのは次のどれか。

1　裁決は，処分庁及び審査請求庁を拘束するが，裁決庁自身を拘束しないため，裁決の内容に瑕疵があることが判明した場合には，裁決庁はこれを取り消し又は変更することができる。

2　裁決は，その内容が審査請求人に口頭で言い渡されることによって効力が発生するが，審査請求人と処分の相手方が異なる場合には，処分の相手方が了知し得る状態になった時点で効力が発生する。

3　裁決によって，審査請求に理由があると認められ，処分の全部又は一部が取り消されたときは，処分の当該部分は，裁決が効力を発生する時点から将来に向かって効力を失う。

4　裁決によって，申請に基づいてした処分が手続きの違法又は不当を理由として取り消すべきであるとされた場合には，処分庁は，裁決の趣旨に従い，改めて申請に対する処分をしなければならない。

5　裁決によって，審査請求が棄却され，処分が維持されたときは，処分庁は，当該処分によって拘束されることとなっており，その処分を取り消すことができない。

正解チェック欄	1回目	2回目	3回目	**A**

　裁決は，行政行為の一種であるから，一般の行政行為と同様に，**公定力・自力執行力・不可争力**を有するほか，争訟の裁断行為の特色として次の効力を有する。

① **不可変更力**　裁決が違法又は不当であっても，裁決庁はいったん下した裁決を取り消し，又は変更することができない。

② **形成力**　裁決により，原処分が取り消されると，原処分の効力が当初に遡って効力を失う。

③ **拘束力**　審査請求が認容された場合に，その趣旨を実現すべく関係行政庁を拘束する。

1　誤り。上記①の不可変更力が働く。

2　誤り。裁決の言い渡しは，書面で行う必要があり（行服法50①），口頭で行うことはできない。また，裁決の効力が生じる時点は，審査請求人に書面が送達されたときである（行服法51①）。審査請求人と処分の相手方が異なる場合でも同様である。

3　誤り。上記②の形成力により，原処分の効力は，当初に遡って効力を失う。

4　正しい（行服法52②）。上記③の拘束力である。

5　誤り。裁決の拘束力は認容裁決のみの効力であり，棄却裁決には認められない。棄却裁決によって処分が維持されても，処分庁が処分を取り消すことは妨げられない（最判昭33.2.7）。

正解　4

行政法

Q | 96　公権力の行使にかかる賠償責任

★★★

　国家賠償法に定める公権力の行使に基づく損害賠償に関する記述として，妥当なのは次のどれか。

　1　公務員が，主観的に権限行使の意思をもってする場合でなくても，客観的に職務執行の外形をそなえる行為をなし，これによって他人に損害を与えた場合には，国又は公共団体の賠償責任が認められる。

　2　国又は公共団体は，公務員が職務を行うについて他人に被害を生じさせた場合において，それが具体的にどの公務員のどのような違法行為によるものであるかが特定されなければ，損害賠償の責任を負わない。

　3　国家賠償は，国又は公共団体が，最終的な賠償の責任を負うものではなく，公務員に代わって賠償の責任を負うのであるから，公務員個人が被害者に対して直接に損害賠償の責任を負う。

　4　国又は公共団体は，損害を加えた公務員の過失が軽過失の場合であっても，当該公務員に対して求償権を行使しなければならない。

　5　損害を受けた者は，損害を加えた公務員の選任監督者と給与等の費用負担者が異なるときは，費用負担者に対して損害賠償を請求しなければならない。

正解チェック欄	1回目	2回目	3回目	**A**

国家賠償法┬─公権力の行使にかかる賠償責任（1条）
　　　　　└─営造物の設置管理にかかる賠償責任（2条）

公権力の行使にかかる賠償責任の要件は次の通りである。

(1) **公権力の行使に当たる公務員**であること。

(2) **職務**を行うについて

公務員の行為で，客観的にみて職務行為の外形を備えている行為であること（**外観主義**）。公務員の主観的な権限行使の意思は不要。

(3) 公務員に**故意又は過失**があること。

公務員に職務上要求される標準的な注意義務に違反すると認められる場合には過失が認定される（**抽象的過失**）。具体的な特定は不要。

(4) **違法**な加害行為が存在すること。

(5) 加害行為により**損害**が発生すること（**相当因果関係**）。

1　正しい。上記(2)説明の通り。

2　誤り。上記(3)説明の通り。

3　誤り。判例・通説は代位責任説をとり，公務員個人は被害者に対して直接責任を負わないとしている。その主な理由は次の通りである。

① 公務員に対する求償権があること

② 公務員個人に責任を負わせていたのでは，公務員の活動が事なかれ主義に陥り，公務の遂行が萎縮してしまう

4　誤り。国又は公共団体が求償権を有するのは，公務員に故意又は重大な過失があったときであり（国家賠償法1②），軽過失のときは，求償権を行使できない。理由は上記3②と同様の趣旨である。

5　誤り。選任監督者と費用負担者が異なるときは両方に損害賠償を請求できる（国家賠償法3）。

正解	1

Q 97 公の営造物の設置管理にかかる賠償責任

★★★

　国家賠償法に定める公の営造物の設置又は管理の瑕疵に基づく損害賠償に関する記述で，最高裁判所の判例に照らし妥当なのは，次のどれか。

1　国又は公共団体は，公の営造物の設置管理に瑕疵がある場合でも，設置管理に当たって故意又は過失のないことが立証できたときには，賠償責任を免れる。

2　国又は公共団体は，公の営造物の設置管理に瑕疵があったために他人に損害を生じたときは，その損害を賠償しなければならないが，賠償の相手方は公の営造物の利用者に限られない。

3　幼児が公立中学校の校庭内のテニスコートに設置された審判台に昇り，当該審判台が転倒して死亡した場合において，この事故が，審判台の安全性の欠如に起因するものではなく，本来の用法と異なり，設置管理者の通常予測し得ない異常な行動により生じたものであるとしても，設置管理者は賠償の責任を負うとした。

4　国又は公共団体は，公の営造物の設置管理に瑕疵がある場合でも，設置管理に要する予算の不足など財政上の理由があるときには，賠償責任を免れる。

5　道路管理者は，道路上に故障車が危険な状態で長時間放置されていたのに，適切な看視体制をとらなかったためにこれを知らず，安全性を保持するために必要な措置を全く講じなかったことから事故が生じたとしても，道路管理に瑕疵はなく，それによる損害賠償責任を負わない。

正解チェック欄	1回目	2回目	3回目	**A**

　国家賠償法2条の特徴は，その責任が無過失責任であるということである。国家賠償法1条が公務員の故意過失を要件とし，過失責任の原則に立脚しているのと対照的である。

　最高裁は高知落石事件において「国家賠償法2条1項の営造物の設置又は管理の瑕疵とは，営造物が通常有すべき安全性を欠いていることをいい，これに基づく国および公共団体の賠償責任については，過失の存在は必要としない」（最判昭45.8.20）と判示した。ここで道路の設置・管理に関する①**通常有すべき安全性**，②**無過失責任**，③**予算抗弁の排斥**の3原則が指摘された。

1　誤り。上記の通り，故意過失がなくても責任を負う。

2　正しい。営造物は，外界の環境から隔絶して存在しているわけではないのだから，利用者だけではなく，別に第三者に被害が生じたら，その第三者に対しても賠償責任がある。大阪国際空港事件において最高裁は，騒音につき，国家賠償法2条を適用して周辺住民に損害賠償を認めた（最判昭56.12.16）。

3　誤り。公立中学校校庭に設置されたテニス審判台に昇っていた5歳の幼児が，審判台の転倒により下敷きとなり死亡した事件で，当該児童の行動は極めて異常なもので，審判台の本来の用法と異なることはもちろん，設置管理者の通常予測し得ないものであったとして賠償責任を否定した（最判平5.3.30）。

4　誤り。上記高知落石事件において最高裁は，予算措置に窮したとしても，直ちに賠償責任を免れないとした。

5　誤り。いわゆる87時間事件において，最高裁は，大型貨物自動車が87時間にわたって放置され，道路管理者がこれを知らず，道路の安全保持に必要な措置を全く講じなかったことは，道路管理に瑕疵があり，損害賠償責任があるとした（最判昭50.7.25）。

行政法

正解　2

Q 98　損失補償

★★

損失補償に関する記述として妥当なのは，次のどれか。

1　損失補償は，行政庁の違法な公権力の行使によって加えられた精神的苦痛に対し，不法行為責任の原則に基づいて行う賠償である。

2　損失補償は，行政庁の違法であるが過失のない行為によって加えられた経済的損失に対し，私有財産の保護の見地から行う財産的補償である。

3　損失補償は，道路，河川その他の営造物の設置又は管理の瑕疵によって生じた経済的損害に対し，無過失責任の原則に基づいて行う財産的補償である。

4　損失補償は，普通地方公共団体の職員が公務の遂行過程において故意又は重大な過失によって公有財産に損失を与えた場合に，当該職員が行う損失の補填である。

5　最高裁判所の判例では，福原輪中堤は歴史的，社会的，学術的価値を内包しているが，それ以上に本件堤防の不動産としての市場価格を形成する要素となり得るような価値を有するというわけではないことは明らかであるから，かかる価値は補償の対象となり得ないというべきであるとした。

| 正解チェック欄 | 1回目 | 2回目 | 3回目 | Ⓐ |

行政上の救済は，次のように分類される。

国家補償（相手方の損害を金銭で償う方法）
┌─ 損失補償（適法な行政作用）
└─ 損害賠償（違法な行政作用）
行政上の争訟（行政作用そのものの効力を争う方法）

損失補償の制度は，行政の行為は適法であるが，それによって私人の側に生じた特別の損失をそのまま放置しておいたのでは，公平負担の理念に反するので，これを補償しようとする制度である。

個々の法律に補償の規定がなくても，憲法29条３項により直接，損失補償を請求することができる点に特色がある。

損失補償は次の４つの要件に分析される。

要　　件	要件により除外されるもの
① 適法な	違法な→国家賠償法
② 公権力の行使によって加えられた	私経済作用
③ 財産上の	精神的損害
④ 特別の犠牲に対する	財産権に内在する制約

1　誤り。精神的苦痛に対する損害賠償（国家賠償法１，民法710）の説明になっている。

2　誤り。「違法であるが過失のない行為」，「私有財産の保護の見地」が間違っている。

3　誤り。営造物の設置管理にかかる賠償責任（国家賠償法２）の説明になっている。

4　誤り。財務事務の執行に当たる職員が普通地方公共団体に損害を与えたときの賠償責任の説明である（自治法243の２の２）。

5　正しい。補償の範囲は，財産権に対する金銭補償であり，文化財的価値は対象とならない（最判昭63.1.21）。

| 正解　5 |

Q 99　行政立法

★★

法規命令に関する記述として妥当なのは，次のどれか。

1　法規命令は，国民の権利義務と関係がない行政内部の事項を内容とする一般的，抽象的定めであり，行政機関が行政権の当然の権能として制定することができる。

2　法規命令は，法律の補充的規定，法律の具体的特例的規定及び法律の解釈的規定にとどまるものであり，法律の委任があっても人身の自由及び精神の自由を侵害する規定を設けることはできない。

3　法規命令は，憲法，法律その他上級の法令の実施に必要な具体的細目や手続事項に関する定めであり，権限ある行政庁が適法な手続きで定めれば外部に公表しなくてもその効力は発生する。

4　法規命令は，法律の委任に基づく委任命令又は法律その他法令を執行するための執行命令に限られ，特に法律で個別的，具体的に委任した場合を除いて，罰則を設けることはできない。

5　法規命令は，命令が取り消された場合又は命令に付された終期が到来した場合には消滅するが，その根拠法律が廃止されても，これに基づいて制定された命令は独立の存在となり，有効に存続する。

正解チェック欄	1回目		2回目		3回目		**A**

　行政立法は，行政機関が決定する定めであり，法規命令と行政規則の２つに分類される。

　1　**法規命令**（国民の権利義務に直接関係する定めで紛争が生じたときに裁判所がこれを適用するもの。さらに，委任命令と執行命令に分類される）

　2　**行政規則**（国民の権利義務に直接関係しない定めで，行政内部での効果しか持たないもの。訓令，通達，告示など）

法形式（制定機関の種類）により分類すると次のようになる。

　1　**法規命令**
　　国の法規命令
　　　政令（内閣）
　　　内閣府令・省令（各主任大臣）
　　　外局規則（各外局の長）
　　　独立機関の規則（会計検査院等）
　　自治体の法規命令（首長，各委員会）

　2　**行政規則**

1　誤り。行政規則の説明になっている。

2　誤り。前半は正しい。法律の委任があれば，政令，内閣府令又は省令に罰則を設けることができる（憲法73Ⅵ但書，国家行政組織法12③）。また，「法令に特別の定め」があれば，規則に罰則を設けることができる（自治法15②）。

3　誤り。前半は正しい。しかし，法規命令は外部に公表することによって効力が発生する（例として，自治体の規則については，自治法16⑤）。

4　正しい。独立命令や緊急命令を出すことはできない。また，罰則を設けるには法律の委任が必要である（憲法73Ⅵ但書）。

5　誤り。根拠法律が廃止されれば，法規命令も効力を失う。

正解　4

Q 100 行政手続法（申請に対する処分，不利益処分）

★★

　行政手続法に定める「申請に対する処分」及び「不利益処分」に関する記述として妥当なのは，次のどれか。

1　申請に対する処分の規定が適用されるのは，申請人の側に法令上申請権がある場合に限らない。

2　申請の形式上の要件に適合しない申請については，行政庁は速やかに申請者に対し相当の期間を定めて当該申請の補正を求めなければならない。

3　申請により求められた許認可等を拒否する処分をする場合又は不利益処分をする場合において，その名あて人から処分理由を求められたときは，書面により示さなければならない。

4　不利益処分とは，行政庁が，法令に基づき，特定の者を名あて人として，直接に，義務を課し，又はその権利を制限する処分をいう。

5　行政庁は，許認可等を取り消す不利益処分をしようとするときは，当該不利益処分の名あて人となるべき者について，弁明の機会を付与しなければならない。

正解チェック欄	1回目	2回目	3回目	**A**

行政手続法は，**行政処分をする前の手続き**をできるだけ公正・透明なものにすることで国民の権利保護に資することを目的としている（行政手続法1）。この点で，行政処分をした後での，不服申立ての手続きを規定している行政不服審査法と異なる。

行政手続法は，次の①，②以外に，③**行政指導**，④**届出**についても規定している。

① **申請に対する処分**（許認可等の申請に対する処理の手続き）

「**審査基準**」
「**標準処理期間**」の策定（原則公表）→ 許認可等／拒否処分（理由付記）

② **不利益処分**（営業免許の停止や取消し等の処分の手続き）

「**処分基準**」の策定（原則公表）→ ※ 重要な処分（**聴聞**手続）／一般的処分（**弁明**手続）→ 不利益処分（理由付記）

※ 重要な処分…許認可の取消し，資格や地位の剥奪など。
一般的処分…重要な処分以外の処分。営業の停止命令，施設の改善命令など。

1 誤り。申請に対する処分の規定が適用されるのは，申請人の側に法令上申請権がある場合に限る（行政手続法2Ⅲ）。

2 誤り。申請の形式上の要件に適合しない申請については，行政庁は，補正を求めるか，又は当該申請により求められた許認可等を拒否しなければならない（行政手続法7）。

3 誤り。書面により処分の理由を示さなければならないのは，処分を書面でするときである（行政手続法8②，14③）。

4 正しい。行政手続法2条4号の不利益処分の定義の通りである。

5 誤り。不利益処分の中でも，許認可等を取り消すような重要な処分のときには，「弁明手続」ではなく，より慎重な「聴聞手続」をしなければならない（行政手続法13①Ⅰ）。

正解 4

行政法

Q 101　行政手続法（行政指導）

★★

行政指導に関する記述として妥当なのは，次のどれか。

1　行政指導は，本来，事実行為であるので，法律の根拠は全く必要とされず，また行政指導の内容は，その行政機関の任務又は所掌事務の範囲でなくてもよいとされる。

2　行政指導は，相手方に何らかの受益を与える助成的行政指導と，相手方の行為を規制する規制的行政指導に分けられ，営農上の作付指導などは規制的行政指導に当たるとされる。

3　行政指導は，本来，権力的な行政活動であり，行政事件訴訟法上の行政庁の処分その他公権力の行使に当たるので，抗告訴訟の対象になるとされる。

4　行政指導は，相手方に対して，その行政指導の趣旨，内容及び責任者を明確に示して行うものとされ，必ず公文書で行わなければならないとされる。

5　行政機関から法令に違反する行為の是正を求める行政指導を受けた者が，その行政指導が法律に違反していると考える場合は，その行政指導が法律に基づくものに限り，行政指導をした行政機関に対し，その旨を申し出て，行政指導の中止その他必要な措置をとることを求めることができる。

| 正解チェック欄 | 1回目 | | 2回目 | | 3回目 | | **A** |

　行政指導とは，行政手続法において「行政機関がその任務又は所掌事務の範囲内において一定の行政目的を実現するため特定の者に一定の作為又は不作為を求める指導，勧告，助言その他の行為であって処分に該当しないものをいう」と定義されている（行政手続法2Ⅵ）。

　行政指導は，定義の通り法律上はあくまで**強制力のない単なる事実上の協力要請**である。行政指導のなかには，法律上の根拠のあるものもあるが（例：騒音規制法12条に基づく改善勧告），法律の根拠が必要なわけではない。

　行政手続法の規定は地方公共団体の機関が行う行政指導については，適用しない（行政手続法3③）。しかし，地方公共団体も，この法律の趣旨にのっとり，必要な措置を講ずるよう努めなければならないとされ（行政手続法46），行政手続条例を制定した地方公共団体は，行政手続法と同様の規制をしている。

1　誤り。行政指導には，法律の根拠は必要とされないが，行政機関の任務又は所掌事務の範囲でなければならない（行政手続法2Ⅵ）。

2　誤り。分類としては，助成的行政指導，規制的行政指導の他に調整的行政指導を加える場合もある。営農上の作付指導は助成的行政指導である。

3　誤り。行政指導は，非権力的な行政活動であるので，行政事件訴訟法上の公権力の行使には当たらない。

4　誤り。行政指導に携わる者は，その相手方に対して，当該行政指導の趣旨及び内容並びに責任者を明確に示さなければならない（行政手続法35①）。しかし，必ず公文書で行わなければならないわけではなく，口頭で行政指導をした場合に相手方から書面の交付を求められたときには，原則として交付しなければならない（行政手続法35③）。行政手続条例を制定した地方公共団体においても同様である。

5　正しい（行政手続法36の2①）。

正解　5

頻出ランク付・昇任試験シリーズ 8

重要問題101問 ［憲法・地方自治法・地方公務員法・行政法］〈第 7 次改訂版〉

平成10年 6 月 5 日	初版発行
平成14年 3 月25日	第 1 次改訂版発行
平成16年12月10日	第 2 次改訂版発行
平成20年 2 月25日	第 3 次改訂版発行
平成26年 7 月 1 日	第 4 次改訂版発行
平成28年 5 月25日	第 5 次改訂版発行
平成31年 1 月25日	第 6 次改訂版発行
令和 6 年 3 月22日	第 7 次改訂版発行

編著者　　地方公務員
　　　　　昇任試験問題研究会

発行者　　佐久間重嘉

学陽書房

〒102-0072　東京都千代田区飯田橋 1 － 9 － 3
営業（電話）03-3261-1111(代)
　　（FAX）03-5211-3300
編集（電話）03-3261-1112(代)
http://www.gakuyo.co.jp/

© 地方公務員昇任試験問題研究会 2024, Printed in Japan
ISBN 978-4-313-20787-5　C 2330
印刷／東光整版印刷　製本／東京美術紙工
乱丁・落丁本は，送料小社負担でお取り替え致します